鄭華娟、韓良露、陳堅真 推薦

月亮書

從圓缺週期發現生活智慧

Vom richtigen Zeitpunkt

Die Anwendung des Mondkalenders im täglichen Leben

歐洲暢銷數十年不墜的智慧書

約翰娜・鮑格＆湯瑪斯・波普◎著　葉宗琪◎譯

推薦序

閱讀自己和月亮的方法

鄭華娟

我第一次知道有這月亮書，是在婆婆的書架上。在德語區，很多喜愛園藝的人，大部分都會將這書視爲愛書之一。但讀過之後，我覺得它的功用，除了園藝，更廣泛又實用地充滿在生活的每個角落。

我從未想過月亮是可以被閱讀，一如我們常常忘了停下手邊的忙碌，閱讀一下自己的心事。這本書有這功能，它讓我們舉頭看看月亮，映照一下內心世界的感覺，找到自然又輕鬆的閱讀情緒，甚而與自然合作，尋得幫助自己設計生活的能力。而且，這本講月亮的書，並無硬性的教條和規則，更無神祕的儀式和羅盤，它鼓勵讀者發揮自主性，獨立領悟蘊含於大自然中的流暢律動。

正因爲這自然律動引導，我建議你無需從第一章讀起，你可以直接前往想讀的那一章去瞧一瞧，或許該篇的主題，正是近來困擾著你的生活經驗。比如說吧，我常困擾於該給植物澆多少水；我照月亮書上園藝那幾篇的方法，對我家三年未開花的蘭花按時澆水，很奇妙地，蘭花不僅開了花，還盛開達七個月之久！我並不是說我從此只相信這書，那我便誤讀了此書的宗旨，作者只是教我學會了看月的陰晴，我也只是明白了，植物需要你幫助它在自然的律動中生長，你並不能主導一切，而是要與自然配合，就是如此簡單。我這家庭主婦當然也很喜歡讀關於打掃清潔，那幾篇中的文章，讀來眞是很有趣。

因爲這月亮書的簡單，每位讀者都是書的主角，各自學習跟天上的月亮合作，慢慢一步步設計自己的生活。於是，許多喜歡獨立思考的人們，深深喜愛這本奇妙的月亮書。在歐洲，人們稱這月亮書爲「心情和生活的工具書」，因爲它不同於其他的工具書，陳述的只是事實或某項智識；月亮書要帶你進入內心世界，找到更自然的生活應對之道。

閱讀月亮書，其實就是在閱讀自己。作者常在書寫間，提到了許多現代人不自覺的焦慮，這焦慮包括不能和自己的焦慮共處，而作者卻認爲生活中的高與低是很正常且必要的事：

想成爲自我生活一個經驗豐富的友好「經理人」，就必須清楚身體運作有什麼樣的負荷極限，在何種條件下能夠效能全開。這樣做需要很大的勇氣。要有勇氣認清種什麼因就收什麼果；認清疾病不是老天爺給的懲罰；更認清我們整個生命其實是有著波峰與波谷、高與低的節奏。

——第二章〈關於健康〉

這是很棒的一段話！我們才是自己生活的「經理人」，你以前想過嗎？這是很有趣的思考方式。把自己當成自己的經理人來安排自己的生活，你會怎麼對待自己呢？你會喜歡一個在你需要休息時，還逼迫你工作的經理人嗎？就跟月亮的陰晴圓缺一般，生活一定會有高低潮，眞是既簡單又自然的道理，沒什麼好擔心的。

這本月亮書不是沒有受過質疑。沒看過的人，以爲月亮書要傳遞各種像「滿月時，就有壞情緒」這種神祕傳說。其實，很多關於滿月是否會讓人情緒不穩的一些研究，早就用數據證實都是子虛烏有，月亮書的作者更沒有提到這樣怪異的事。而月亮書又是如何看滿月的呢？

事實上，滿月的確是採集所有植物或是某一植物部位的最好時機。在滿月或是下弦月採來的根部，療效就比其他時候更強。那些可以治療重大疾病的根部，絕對不可以在陽光下挖掘。滿月時，森林裡或是採集地也有足夠的月光照耀，讓人可辨別藥草；而在新月時卻是伸手不見五指。古時候沒有手電筒，應該也沒人想到要帶著火炬到森林裡去；就算有，也絕對不會是懂得醫術的人。

——第二章〈月圓的神奇力量〉

原來，滿月並沒有女巫或黑貓；古代人趁滿月的月光去森林採藥草。作者在這一篇文章中很詳細地將歐洲各種傳統藥草的採集、收納及煎煮方法詳細地寫下來，供喜歡自然療法的人參考。另外，還有看月亮、做美容保養的一些小文章，也讓人有耳目一新的感覺。

還等什麼呢?這本月亮書眞的很好看。快從你想看的那一篇讀起，開始設計自己有趣的生活吧。

推薦序

傾聽月亮的生命之歌

韓良露

我是個喜歡看月亮的人，常常問我身邊的人們：「你多久沒看月亮了？」生活在都市的人，月亮不僅會隱沒在雲層間，也會藏蔽在高樓大廈裡，這些都會人只有旅行到高山、海濱、曠野、沙漠中，仰天一望無邊月色，不管是新月清冷、上弦月皎潔、月圓光輝……這時，總會觸動我們心底深藏的某種情緒。

除了觀看天上月象的變化外，我家中書房的桌上年年都會擺著一本月相的桌曆，因爲研究占星學的我，知道月亮的生命週期中暗藏著許許多多宇宙的訊息。

宇宙中有各種星辰的週期，都是生命的魔法師，其中月亮有一張最會變化表情的臉，月亮是神祕莫測的時間的女兒，對地球傾吐著魅惑的話語。

要了解月亮話語的意義，可以依據科學家的研究，例如牛頓的萬有引力論，讓人們了解月亮和潮汐的關聯，太平洋中有一種銀魚，會選擇在月圓之後快要退潮前，散出大量的精子、卵子到體外，受精卵結合後，會趁著退潮的漩渦捲入深海，以逃避淺海區較多的覓食者。

在古老的民間智慧中，也蘊藏了許多月亮的祕密，中國人的月亮曆法就是一本農事曆（因此我們才叫陰曆為農曆），中國人說以月亮盈虧為師，以農為立國之本的人們體會最深。

懂得傾聽月亮的聲音，不僅是古老中國人、印度人、埃及人等等的文化遺產，在世界上許多和農牧傳統生活親近的人們也很善於聽懂月亮的話語。在《美麗托斯卡尼》這本書中，來自舊金山的作者就提到托斯卡尼人教會她什麼是月亮的時間行程，她該在什麼時候種植或採收什麼樣的作物，或該在什麼時候剪頭髮、剪指甲，都應該聽聽月亮的意見。

方智出版社交給我一本《月亮書》，就是一本揭開月亮美麗神祕面紗之書，讓我們更看清月亮的表情，作者來自奧地利南方的蒂羅爾地方（我曾在那旅行過，深深為那裡的田園牧歌生活所感動）。從作者還是小女孩時，她的祖父就常常告訴她各種月亮的智慧話語，讓她學會和大自然及自己的身體更和諧地相處，當她發現現代人因都市及工業化的生活，越來越遠離這些智慧，而變得不快樂、不健康時，她想到了祖父的教導，決定寫下她所知道的月亮之歌。

這本由女性作者寫出的月書，關心自古以來，人類簡單過日子的生活傳統，書中介紹了如何根據不同的月相做園藝、做家事，恐怕是部分台灣都市及年輕的讀者，比較不能感同身受的經驗，卻是學習和周遭自然和環境美好對應的祕訣，園藝和家事是月亮和女神的殿堂，其中潛藏了許多快樂與和平的能量。

至於遵循月亮的規律，規劃飲食的習慣，做好身體的保養和保健，應當是現代人在面對越來越冰冷、疏離的醫療環境之餘，值得傾聽這些親密的、溫暖的另類療法。

作者唱出了這首美好、和諧的月亮之歌，希望聽到、聽懂的人，能夠靜心下來，照著月亮的節奏愛自己、愛生活、愛自然、愛地球。

你聽懂了這首歌嗎？只是現代生活中充滿了太多的雜音，常常會讓我們忘記重要的生命之歌。

推薦序

以月亮爲師

地瓜餐創始人 陳堅眞

乍看下，《月亮書》一書，很像我國的「農民曆」。什麼節氣，做什麼事，都有一個定則，甚至哪一天做什麼，什麼時辰做什麼最好都有個準。記得小時候，老人家做什麼事都要先看「黃曆」，才能決定何時嫁娶、入宅、安神等等的吉日良辰。舉凡提親、探病、安床位、種果樹、播種、洗頭髮都要看「日腳」。總覺得繁瑣，但很有趣。印象深刻的是，入果園採第一粒水果也要看日子，還沒「開園」的果園裡，水果不可以隨便碰觸。問老人家爲什麼，總回答就是不要隨便摸，不要問這麼多。《月亮書》提供參考的答案。

我在《自然律例》一書「大自然的能量」裡也談過，我們的生活受宇宙中萬物的影響，萬物之間互相作用，彼此牽引。日、月、星辰，山川樹木，鳥獸蟲魚，五穀雜糧，水果蔬菜等等，都是大自然的能量，是上帝爲我們的益處而預備的。假如我們能了解並善用這些能量，我們的生活自然健康而富足，我們將發現「大地豐富而有餘」。人類不懼怕匱乏，就可以從容的生活，彼此善待，彼此相愛。

《月亮書》的作者，整理古人的智慧加上自己的經驗，其用心良苦，實在可貴。更可貴之處在於，引導忙碌的讀者到一個另類的思維，原來我們的身體各器官及動植物等都受月亮的影響，而各自有其「最佳時機」和「良辰吉日」。無論讀者是否照著「起、行、坐、臥」，調養身心或克服病痛，也姑且不論其效果如何，至少，心中有月亮，偶爾也會「舉頭望明月」。這樣，至少世界大多了，心胸也可以寬大些。

眞希望讀者們讀了《月亮書》之後，更能以宇宙萬物爲師，不必再爲金錢遊戲和政治鬥爭而遑遑不可終日。在治國平天下之前，先齊家；齊家之前先修身，修身之前先誠意正心，誠意正心還要先格物、致知。先弄懂自己和宇宙萬物，以及其間的關係吧！

感謝方智出版社邀我寫序，惟因學淺，不敢作好壞之評。《月亮書》一書，實爲一本難得的參考書。您可以參考，但願您不必執迷而弄得生活緊張兮兮。

月亮書

從圓缺週期發現生活智慧

目contents錄

目contents錄

第二章 遵循月亮循環，健康又長壽

目contents錄

目contents錄

目contents錄

前言

多年來，我不斷收到請託，要我傳遞一種我自小就熟悉的知識。這知識與月亮週期，以及因月亮的位置、月相而影響地球所有生物的作用力有關。我非常感謝我的祖父，他教導我感受、觀察、體驗大自然中，許多科學無法單獨解釋的奧祕。

至今，我仍然能夠非常清晰回憶起自己第一次的學術演講。當初有人事先警告我最好要有心理準備，因爲可能會受到嘲諷。不過，我的信念相當堅定，而來自朋友的支持也更讓我確信，不管被多少觀眾嘲笑，我都無所謂。對我而言，只有一件事情重要，那就是——即使這再自然不過的事情，只有一位觀眾能接受，這門數百年來經由口述、試驗、運用而傳承下來，對我們以及我們生存其中的世界具有非凡價値的古老知識，也就能生生不息了。

第一次演講的成功，讓我有了繼續日後演說的勇氣。直到今天，經過無數次的演講之後，我寫下自己的經驗。尤其令我高興的是，許多人對於月亮週期變化的知識展現出高度的興趣。如果說我在一開始看到不少懷疑的臉龐，那麼在很短的時間內，一種驚人的興趣便呈爆炸性升高。而今，爲數浩繁的醫生與企業家，也將這種「正確的時機」應用在自己的工作當中。對我來說，接觸月相完全不是什麼新鮮事。不過，我相當開心今日有這麼多人願意再度相信這門古老的知識。

我的希望是：只要能從中獲得樂趣，你就應該保有一項能夠陪伴一生的知識，不必一再查閱教科書、參考書與圖表等——那是一項能夠變成你的血肉、可以當成個人經驗輔助材料傳承給你兒女的知識。也許你不像我跟隨著這門知識一起成長，不過透過本書，你有機會累積自己的經驗——這比一本列出數千種例子的書還有用。幾次嘗試之後，你對這門知識就不會太陌生，很快就能發現所有的事情，其實是多麼易如反掌。

這本書與湯瑪斯・波普合作才得以形成。希望本書能夠讓有心的讀者輕鬆愉快，同時在許多人生的境況中，成爲你的最佳幫手。

約翰娜・鮑格

偉大冒險往往始於渺小的事物，例如一陣電話鈴聲。

「喂，我認識一位女士，你一定會感興趣。搞不好你們還可以合作寫一本書。她叫約翰娜．鮑格。我向她提起你，她很想認識你……」

「寫書？寫什麼書？」我有點興奮地說，因爲我被一本討厭的書弄得很煩，正腸枯思竭中。

「耐心等著吧，這不是三言兩語可以解釋清楚的。」

果然如此！

天生好奇的我因此答應了下來，當時我完全沒有料到，以後將會發生什麼事。

我生命中經歷的許多事情與經驗，都稱得上「不尋常、罕見、令人振奮、豐富」，但是與鮑格小姐的會面，卻完全超出上述的經驗値。這次見面的品質對我來說是前所未有的，沒有辦法用任何標準，來將它放在我的思想與感受的任何一個「角落」。

這中間並沒有發生什麼不尋常或是很特別的事情——我們在一家森林咖啡館碰面，先就打算寫的主題稍微談一下，彼此釋放善意，還聊了點趣事，減少剛見面時的生疏，然後再深入探討各式各樣的話題。她說她看過我一本書，頓時覺得我就是可以跟她一起寫一種古老知識的人。她談到家鄉蒂羅爾（Tirol，位於奧地利境內），談到童年，說她出生於有十個小孩的農夫家庭，還提及搬到慕尼黑的事情。談話中不斷暗示一項在她家鄉非常普及的特殊知識，這是祖父教她的。這項知識與月亮循環週期有關，與它加諸在自然、人類、動植物上的作用有關。她說了一個跟著祖父學習時的軼事——在那幾年漫長的學習生涯中，他們幾乎沒講什麼話，只是不斷地觀察、動手、經歷、體驗。有一天，她提了個問題，我想應該是跟採集某種藥草有關，結果她的祖父回答：「好好仔細觀察。」

在我們終於篤定該是動筆寫書之前，我還跟鮑格小姐碰了許多次面，期間經過好長一段時間。我們認識彼此，取得對方的信任。聽她演講的人越來越多，大家對這項與月亮循環週期有關的古老知識興趣益發濃厚，紛紛催促她把所有的東西都寫下來。本書是和諧團隊共同完成的成果，一次讓我感覺很幸福的互動。鮑格小姐奉獻她的知識與經驗，我則是貢獻我的文筆與經驗。在以第一人稱寫作的段落中，你將會發現鮑格小姐或我的私事與見解。

甚至連寫作這件事，也成了一種特殊的學習過程。一開始，我壓根忘記「熱情之於學習者，就像睡眠之於獵人」這句成語。後來逐漸清楚，約翰娜·鮑格不想證明什麼，也不是要教導大家什麼，更不需要爲這門知識做任何辯解，因爲它本身就可以證明自己了。不過，她最大的要求是，不要讓讀者以爲又找到一劑可以解決問題的萬靈丹。如果想法與態度不對，就算是「良辰吉日」也幫不了多久的忙。原則應該牢記在心，時時實踐，內化成自己的知識，而非需要時才依賴它，不需要時，就拋到一旁。知識應該融入血肉之中，守護自己與環境。請在日常生活中多多熟悉、實驗這些原則，如此一來，我們才能對身邊的事物更加敏銳，同時認識生活中，由這些原則引伸而出的各種關聯。

古時候，不管是工匠還是哲學家，博學之士最高尚的義務就是將他的知識（不是他的直覺、假設、意見與信念）傳遞下去。如今，與月亮週期有關的知識以文字記錄下來，供我們運用，內容幾乎涵蓋我們日常生活重要範疇的建議與忠告——從醫療知識到持家，從食物到園藝與農務等。

只要你有耐性，就能從這本書獲得好處。這麼一來，本書才能眞正成爲另一個世界的建材。

湯瑪斯・波普

第一章

七種月相變化

多麼愉快啊，
能同時研究自然與自己，
不是對她與自己的精神施以暴力，
而是兩者在溫和的交互作用下，
彼此達到平衡。

歌德

Vom richtigen Zeitpunkt

Die Anwendung des Mondkalenders im täglichen Leben

過去與現在

數千年來，人類一直與大自然的各種循環變化和諧相處，以確保生存。人們眼觀四面、耳聽八方，一開始並不去探究事情的成因。例如愛斯基摩人，他們在最艱困的環境、永恆的冰凍世界中生存，語言中光是與「雪」有關的字就多達四十種，因爲嚴寒的氣候條件，強迫他們學會分辨四十種不同水的凍結狀態。而這四十種與冰、雪有關的字當中，只有兩種適用在他們的冰屋建築上。

人類不只觀察事物的狀態，還研究時間與事態之間的交互作用，例如白天的時間、月份、四季，以及太陽、月球與星辰的狀況。許多考古學上重要的古老建築，就是我們祖先詳細觀察天象與星辰運行的重要成就。不僅是出於「價値中立」的研究欲望，更因爲他們能夠從當時星宿時間的作用中，找出最大的使用價値。根據他們所計算出來的陰曆與陽曆，可預見某種特殊的力量──在特定時間對大自然、人類與動物產生影響的作用力，而且這些作用力會定期出現，其中又以與月球運行節奏相同的力量更能影響生物、左右狩獵與收成的好壞，以及存糧與治療的結果。

因此，生物學家達爾文在他的經典著作《物種起源》中，只描述一種在他之前傳承、運用了無數個世代的知識：「人類與哺乳動物、鳥類，甚至是昆蟲，都同樣遵循著一種祕密法則，根據此一法則，懷孕、植物生長成熟、各種疾病的期限等正常過程，都受到月亮週期的影響。」

敏銳的感官、警覺性、察覺力，以及正確觀察大自然、動植物界，讓我們的祖先成了「良辰吉日的大師」。

他們發現：

- 自然界的無數現象，例如地震、洪水、誕生、氣候、女性週期，以及其他許許多多的事情，都與月球的移動有關。
- 許多動物行為會根據月亮的狀況而轉變，比方鳥類總在某一時刻收集築巢的材料，這樣在下過雨後，鳥巢會很快就乾了。
- 伐木、煮食、用餐、剪頭髮、園藝、施肥、洗滌、治療、手術等林林總總日常活動的效用與結果，全都依循著大自然的循環。
- 在特定日子進行某些手術與服用藥物，特別有效。若改成其他日期服用，不但沒用，可能還會造成傷害。而這些往往與藥量、藥物品質，或者醫生的技術沒有關係。

■植物在每一天釋放的能量不一樣，這種知識對於果實的栽種、照料與收成具有決定性的影響。例如在某些時間採集藥草，其所蘊含的高效物質，跟在其他時間採收完全南轅北轍。

總而言之，計畫的結果不僅取決於必要能力與協助工具，行動的時間也扮演著重要角色。

我們的老祖宗很努力將自己的知識與經驗傳給子孫，因此，有必要賦予那些被觀察的作用力容易理解、掌握的名稱，尤其是用簡明易懂的系統來加以說明。這套系統不分時空，都可以用來描述力量，特別是能夠預言那些即將到來的作用力。就這樣，一座特殊的時鐘，理所當然要被創造出來。

太陽、月球、星辰就是這座時鐘最合適的外層構造，即所謂的「指針與鐘面」。其原理很簡單：循環的本質就是一再重複。比如每月花個兩到三天，持續觀察播種某一植物的有利時機，將會發現在這段時間內，月球是移走於同樣的星星之中。接下來，將這些星星歸納成一幅「畫面」，根據其影響力的特性，給予星座一個典型又清楚的名稱；星座圖便成了星空鐘面上的數字。

我們的祖先大略分出十二種作用力，每股力量有自己專屬的特質與特色。在這些作用力之下，被太陽（一年）與月球（一個月）穿行其間的群星，也被賦予各自的名稱。

黃道帶上的十二星座——牡羊、金牛、雙子、巨蟹、獅子、處女、天秤、天蠍、射手、魔羯、水瓶、雙魚——就這麼誕生了。

人類創造了一座「星座鐘」，從中可以看出目前主導的是哪些作用力，這樣才能預估這些助力與牽制力，對未來的計畫會產生什麼影響。古時候，許多曆法是根據月亮運行制定的，因爲在黃道帶中，月亮相位所展現的力量，比起太陽相位，對人類的日常生活更顯重要。或許你已經知道，我們現在仍有許多節日是依循著月亮相位的變化——例如西元二世紀末以來，復活節總在初春第一個滿月後的第一個星期日。

大約十九世紀後期，這項與大自然循環有關的特殊知識，幾乎在一夜之間完全被人遺忘——或許可以說，是因爲每項系統化的知識內部，都有某種形式的安眠劑吧。如果我的手錶每天中午都可以告訴我十二點到了，我就不需要再去觀察太陽的移動。若支配一日的作用力與力量變得微不足道，那麼以他們爲依歸的規範與法則，也就顯得無關緊要了。

然而放棄這項知識最主要的原因在於，現代技術與醫學向人類承諾「更快」解決日常問題的方法，近年來更是成功創造了可以實現承諾的幻覺。觀察、重視大自然的循環，一時之間似乎顯得多餘了，於是這項知識最後只存在於某些地區。

「現代」的年輕農夫、林業人員與園丁嘲笑父母、祖先們迷信，對於耕種則幾乎完全仰賴機器、工具、肥料與農藥。他們以爲不需要把父母那套「良辰吉日」的知識放在眼裡，逐漸增加的產量對他們來說，似乎很早以前就是理所當然。就這樣，他們不再與自然有所接觸，在深信工業能夠解決一切問題的前提下，還不自覺成了破壞環境的從犯。今日，沒有人能對我們因爲蔑視循環節奏與自然法則，而必須付出的昂貴代價——產量減少、害蟲猖獗、濫用土地，沒有好好保護與休耕——視而不見。近幾十年來，儘管農藥的使用量大爲激增，卻沒有值得誇耀的成效——果實的品質與健康價值已清楚說明一切。

化學與藥劑學的進步誤導醫生們相信，就算蔑視生命的波動與全面性也無所謂。快速消除疼痛與症狀已經被視爲「治療成果」；研究成因、預防，與病人長期「合作」的耐性與準備，根本無足輕重。此外，現今的科學方法雖然可以證明月亮循環的知識，卻沒有建立理論根據，「爲什麼」的問題仍暫時無法回答——在多數科學家的直線思考中有個完全忽略它的合法理由。

我們這些輕鬆放棄循環變化知識的人，將一時的安逸頌揚爲最高資產，而付出理性、準則與目標的代價。我們相信自己可以超越一切，人定勝天，同時也藉此超越自己。在這個劇烈變化的時代中，我們不斷從過去匆忙趕往未來。眼下這一刻、這唯一發生生命的地方，消失不見了。

「人民越來越依靠自己無法左右的成就，越來越倚賴專家建議、規定他怎麼生活。在這團雜亂無章的規定與建議之下，正常與天生的能力被扼殺了，人們就像小孩子一樣依賴且不獨立，他被允許、也應該這麼做。他不再相信自己，不再相信未來，以及生命的自我調節能力。」

——李卡達．溫特斯威（Ricarda Winterswyl），南德日報，一九九一年四月二十日

另一方面，我們之所以忽略大自然的循環變化，理由其實意想不到的簡單——因為那對我們來說非常陌生。也許看這本書的你，正屬於希望緩慢而從容回歸這門知識的

先驅者。畢竟，再度回復振興這項技藝絕對不會太遲，它在等待那些不會用「光憑一個人是辦不到的」當藉口的人。即使今天仍有許多徵兆顯示，單一個人對於復原我們的環境沒有作用，但是每個單一的「極小」動作總能發揮影響力，有時甚至比大動作、偉大的話語所產生的影響還要大。

本書介紹的規範與規則，完全根源於私人經驗與歷練，絕不是道聽塗說，也不是純屬假設或信念。大自然中，當然還有其他許多的循環節奏與影響因子，例如人類的生物律動、太陽黑子，以及太空輻射與地震射線等等，但本書只討論月亮七種不同的「位置變化」。

新月　上弦月　滿月

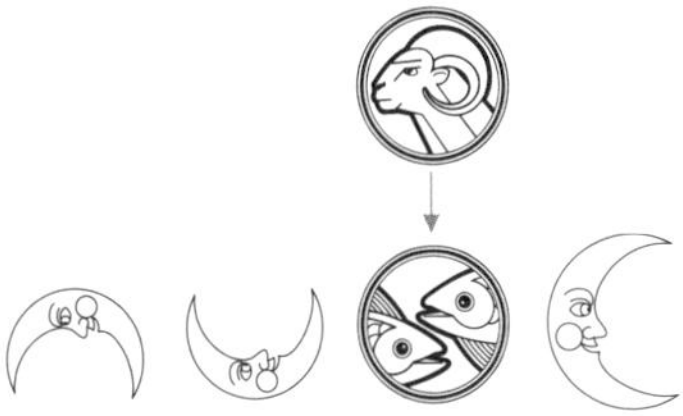

下弦月

星座上的月亮相位變化

上升月

下降月

月球與星宿是否會直接產生影響；或者如同前面所說，月球與星星的分布是否只具備了指針的功能，純粹顯現或預示被觀察的作用等等問題，至今仍未有令人滿意的答案。

稍微涉獵天文學、認得出夜空中每個黃道帶星座的人，或許會訝異於太陽和月球的「實際」位置竟然跟陰曆上有點差異。常可看見現實中眞正的月亮還位於牡羊座時，陰曆上卻已經在金牛座的影響之下了。

但請你相信陰曆！由於兩萬八千年來的循環，使得太陽、月球與星星稍微偏離了軌道，這是造成差異的主要原因。黃道十二宮的影響不是來自於月亮實際的相位變化，而是從「春分」開始計算，從三月二十一日晝夜等長的那一刻算起。從經驗中也可得知，這種鑑別作用力的計算方式並沒有問題，因爲即使眞正的月亮仍在雙魚座，有時候我們祖先稱之爲「牡羊座」的作用力就已經開始發揮力量了。

計算的基準相當複雜，此處並不適合剖析那之間精準的關聯性，希望你能拋開廣博的天文學相關資料。

實際的月亮相位與陰曆上月亮相位之間的矛盾，或許暗示了形成月亮循環的可能原因。因爲從中可以確定的是，星座本身——距離數十億光年之遙——對於認識或是利用那十二股作用力並沒有什麼幫助。也許只能當作參考：若想在地球上探索月亮相位與作用力品質之間的交互作用，就得等候月亮、地球與行星繞行太陽所產生的共振現象出現——那就如同學習可以清楚奏出十二種不同音色的樂器。

「我在學齡前就能感受到共振（一個物體與其他物體輻射出的波動一起振動）的意義。有一次我在花園裡玩，旁邊有個鋅製的浴缸。突然，我聽見一陣微微的樂聲，然後是播報新聞的聲音，持續了好幾分鐘。聲音從浴缸傳來，等我去碰浴缸的時候，聲音就不見了。在某種條件下，浴缸有了跟附近的無線電台一樣的頻率，它的結構強化了波動，讓人可以聽見聲音。」

隨時可以透過經驗來證明作用在人類、動植物身上的力量與其影響，而與力量的成因無關。成因研究目前還滿足於推論、意見、信念，然而這情況不會持續太久。不過，有種語言規則長久以來已被接受——例如「魔羯座主宰膝蓋」，或者「滿月會影響精神」，書中會保留這種表達方式，比較方便。

新月

在繞行地球大約二十八天的時間中，月球只對地球露出一面。只有在滿月的時候，才見得到月亮一整面的光華。天文學家稱衛星這種「固定」繞行另一天體的運動爲「公轉」。

從地球望去，如果月球介於地球與太陽之間，月球面對地球的那一面是全黑的，在地球上幾乎看不到，那就是新月（古時候稱爲「死月」）。

有一點重要的觀察是——新月時，有兩到三天的時間，月球停留在同樣的星座背景下，因此與太陽處於同一個黃道十二宮，也就是同一個星座中。新月時，月球與太陽最爲接近，太陽、月球與地球上的觀察者就位於同一條線上，這點不難理解。例如在三月時，新月位於雙魚座；八月時，就在獅子座。以此類推。

若想大略估算一下當時的月亮處於哪個黃道十二宮，了解其中規則絕對很有幫助。舉例來說，如果你眼前的月球在某個黃道十二宮停留二到三天的時間，三月新月之後的下一個滿月就會走完黃道十二宮的一半，也就是說，經過六個黃道十二宮，在十四天之後進入處女座或是天秤座。這個規則同樣適用在其他月份上。

陰曆上常將新月畫成黑色圓形。這段時間，有股短暫的特殊作用力籠罩著人類與動植物，非常適合斷食一天，預防疾病於未然，因爲身體這個時候的解毒功能最強。如果想戒掉壞習慣，比起其他日子，這天也是最好的起始點。生病的樹木在這天短截，很快就能恢復健康；大地也開始吸氣。

新月的作用力不像滿月那樣能夠直接感受得到，因爲上弦月到下弦月時的力量轉換與重定方位，不似滿月那麼強烈。

上弦月

新月後沒幾個鐘頭——月球表面從左到右——朝向地球的那面會露臉，出現一把細緻的鐮刀，上弦月便帶著特殊作用上路了。這趟走到弦月的旅途約六天，又稱為「娥眉月」；而到滿月約十三天的遷移，稱為「張弦月」。

這時用來供應、組成與強化身體的一切東西，效果更為加倍，時間持續兩個星期之久。月亮越變越大，傷口與手術的治療效果越差。同樣的洗衣粉用量，下弦月洗的衣服就比這時候乾淨多了。另外，上弦月與滿月時，會誕生更多的嬰兒。

滿月

月球終於走完繞行地球的一半旅程，朝向我們的這一面就是滿月，在天空呈現又圓又亮的圓形。從太陽的位置看過去，月球現在處於地球的「背面」。陰曆上的滿月是個明亮的圓形。

滿月後即使只有幾個小時，地球上的人類與動植物也可明顯感受到一股力量，這時月亮的作用力從增加轉換到減少的那一方，力量交換時的作用，比新月更讓人感覺強烈——夢遊症患者睡著時會夜遊；傷口流血量增加；這天收集來的藥草發揮的力量更強；砍斷的樹木可能滅亡；警察得加派巡邏的人手，預料意外與暴力事件會增加；婦產科醫生更是特別忙碌。

下弦月

月球慢慢移動，陰影明顯鼓起——從右到左——大約持續十三天的下弦月開始出現。我們要再次感謝祖先們在這段時間內發現以下的特殊影響——手術成功的機率比平時大；做起家事來特別容易；就算吃得更多，也不會快速變胖。庭院與大自然裡頭的工作要不是得心應手（例如播種與種植根莖），就是更沒有效用（例如嫁接果樹）。

黃道帶中的月亮

地球繞行太陽時，從地球上看去，太陽一年內，大約會在一個黃道十二宮停留一個月。而花二十八天繞行地球的月亮，在同樣星座上卻只停留兩天半左右的時間。

人類不太能直接感受到月亮由於位處黃道帶不同位置而產生的十二種力量，這點跟滿月時不同。不過，作用在動植物與人類身上的影響卻是明顯可見，尤其是跟身體與健康，以及園藝與農業（產量、除草、施肥）等方面。例如月亮在處女座（元素：土）時，就栽種植物來說，屬於「根日」。只要在兩到三天之內執行促進根部生長的方法，效果會比其他日子高出許多。

而對人類來說，星座中的月亮位置，對於人體與器官作用尤其強大。這種情況通常稱爲身體部位受到某一特定星座的「掌控」。在本章後面的圖表中，你可以更精確了解其間的關聯。

懂得醫術的祖先們發現了下列的規則：

- 當月亮行至掌管某一身體部位的星座時，任何能強化那個身體部位的方式，效果往往比其他日子還要加倍。但外科手術除外。
- 當月亮行至掌管某一身體部位的星座時，那個部位負擔特別大，或是比較疲累，甚至比平常更容易受到傷害。
- 盡可能在這幾天避免在這些器官與身體部位上動手術。當然，緊急開刀不在此限。

■如果月亮越來越大，當它通過某一星座時，若要補充或增強受此星座影響之部位的器官功能，成果會比下弦月更加卓越。如果月亮越來越小，進行器官排毒等過程，效果比上弦月時好得多。

外科手術不適用以上規則。雖然開刀也是爲了恢復身體或器官的健康，但是在開刀那一刻或是開完刀後的第一時間內，器官的負擔特別大。我們在第二章中將有更詳細的說明。

上升月與下降月

最後來談談上升月與下降月的力量。重要的一點先說在前頭，就是上升月與下降月跟月相沒有關係，也跟月亮變大變小無關。它們只是一種概念，跟月亮位於星座中的位置有關。

星座中的太陽從冬至（12月21日）移動到夏至（6月21日）這段時間（射手到雙子），蘊含著上升的力量——冬季與春季的力量，表示逐漸增加、擴張、生長與開花。

另外半年（雙子到射手）的下降力量則是夏季到秋季的力量，代表成熟、收成、衰退與休息。

普遍來說，沒辦法那麼明顯界定雙子與射手各屬於哪一種力量範圍，因爲它們兩個處於上升月與下降月的交會點上。重要的規則是，根據要做的事情或活動來仔細界定範圍。

「上升」與「下降」的特性，在月亮穿越星座的二十八天航程中，也是值得注意——我們幾乎可說，在一個月內也可以同時感受到春夏秋冬的力量。它們對星座個別的

「特色」有很大的貢獻，而且——同時參考月相變化——在園藝、大自然，以及醫學中也起了很大的作用。

上升月的時間也可以稱爲「收成期」，下降月則爲「栽種期」，因爲在農業與園藝活動中，除了其他的循環節奏之外，這兩股力量也不容小覷。上升月時（射手到雙子），汁液往上走，水果與蔬菜特別多汁，地上作物的生長狀況尤其良好。下降月（雙子到射手）時汁液則往下，有助於根部生長。

以前的人給這兩種力量做了簡單的記號，以便有所區隔。陰曆中，上升月符號爲「◡」，看起來像個碗，可以裝滿許多東西，所以代表收成期。相反的，「☾」則表示下降月，即栽種期。

要辨識哪個星座擁有上升的力量，哪一個又有下降的力量，還有一個簡單的方法，就是認識那些被星座影響的身體部位。本章最後的圖表可以讓你簡單查詢。

牡羊座與金牛座是屬於上升的。這兩個前面的星座掌控最上面的肢體，包括從頭部、脖子到肩膀。最後面的四個星座，射手（交會點）、魔羯、水瓶與雙魚也是屬於上升一族，掌管人體下肢——大腿、膝蓋、小腿與足部。這些星座的主管區域爲外在肢體：肩膀以上，大腿以下——全部是上升的力量。

「中間」的六個星座則與身體「內部」有關，主要影響範圍是內在器官：胸部、肺、肝與腎，一直到臀部——此爲下降的力量。

聯合作用

以上七種不同的作用力有時候會相互貫穿、強化、削弱，或是改變各自的作用力特性。例如，當下弦月走到一個擁有下降力量的星座時，比起擁有上升力量的星座，這時身體排毒的效果最好（請想想，所有同時跟著排毒的內在器官，都是由下降的力量所控制的）。

月亮若走到獅子，不利於進行心臟手術，因爲上弦月（這裡指的是二月到八月）會強化負面的力量。然而，若一個星座在上弦月剛好是上升力量，那麼這時候服用強化心臟的藥，會比在下弦月具備下降力量的星座更有效。

具有開拓性格的讀者，尤其是醫生與醫護人員，應該研究下列的循環變化，解開相關的謎題。

我個人認識的一些醫護人員根據這些循環變化，累積了許多經驗。在治療棘手的疾病時，採用這個方法，稍微改變一下態度，常常有事半功倍的效用。所謂的態度，也就是要多觀察、有耐心——兩個不太適合我們這個快速時代的態度。

以月相為基準的黃道十二宮分配表

星座	上弦月	下弦月
♈ 牡羊座	10～4月	4～10月
♉ 金牛座	11～5月	5～11月
♊ 雙子座	12～6月	6～12月
♋ 巨蟹座	1～7月	7～1月
♌ 獅子座	2～8月	8～2月
♍ 處女座	3～9月	9～3月
♎ 天秤座	4～10月	10～4月
♏ 天蠍座	5～11月	11～5月
♐ 射手座	6～12月	12～6月
♑ 魔羯座	7～1月	1～7月

♒ **水瓶座** 8~2月 2~8月
♓ **雙魚座** 9~3月 3~9月

如果不想老是查閱前面這張表，下列提供一個簡單法則：太陽走到某一個黃道十二宮時，從那個月開始往後半年，就是那個星座位於下弦月；再往後半年，全是上弦月。例如三月時，太陽在雙魚座，新月也在雙魚座。

下面這個觀察特別有趣——如果將受到星座掌控的身體部位等知識，結合上表星座在月相上的月份與規律性，結果導出，治療某一器官與身體部位的方法在兩個半年內的效果不同——這是經過許多經驗證實的結論。

舉個例子：爲了強化腎臟與膀胱（受到天秤座影響），在四月到十月（天秤座位於上弦月時）服用天然藥草茶的效用比另一個半年還好。

理解這個循環節奏之後，就可以毫無困難地運用在其他身體器官上。

「因此，持續一個月左右的星座，有半年時間適合用來排毒，另半年適合進補。我之所以發現其間的關聯，是因爲只要察覺到某種方法特別有幫助，或是效果驚人，就會經常記錄下來。同樣，在月相有利或是月亮行至某一星座時，針對被這個星座掌控的特定器官服用相關『良藥』，卻藥效不彰的話，我也一字不漏寫下來。根據我長年的觀察，有些特定的用法在秋天較能達到快速與期望的效果，春天可能反而不行；反之亦然。」

不過，最重要的規則之一便是，盡量在下弦月時動手術，不管是否開始使用這項知識，或是醫生還不認識它，都沒有關係。它畢竟不是那麼簡單就能夠被放進「科學的抽屜裡」，就好比手術前先洗手的觀念也是花了好幾年、好幾十年，才被人認爲是「正確的」。

特殊的循環節奏

你在本書中還會接觸到其他特殊的循環節奏，一些跟月亮週期變化完全沒有關係的規則與特殊日期。它們屬於天地間罕見與難解的現象，我們不會試著找出其中的理論根據。例如，該怎麼解釋在三月一日太陽下山時要做的是伐木，而不是燒掉它？

對此有興趣與好奇的讀者可以試驗一下這個引人注意的法則，你將會發現，它就像其他規則一樣有效。

碰觸的時間點

很多人覺得下面的問題很有趣——怎麼可能在特定的「有利」時機完成某些事情，像是水果收成或吃藥，效果總是能持久不退？如果相對負面的影響很快就出現，可以論定這個處理方式是失敗的嗎？負面能量不會因此轉成正面能量？

在恰當的良辰吉日收割與儲藏馬鈴薯，可以保存數個月之久。往前幾天或是往後幾天收割，常常沒多久就爛掉了。

對人類與動植物而言，「碰觸」的時間點，強烈左右著治療與處理的效果。這個答案聽起來相當神祕，不過卻與事實相符。

如果我在某一時間點碰觸大自然中的生物，透過我的思想和我的手，透過我的內在與外在意圖，在那當下，我便傳遞了細微的能量，尤其是受到月相與星座中的月亮位置影響的力量——就像拿著凸透鏡將已經存在的分散能量集中在一個點上，比起未經整合的力量，被聚集的能量更能發揮強大的作用。

再以馬鈴薯爲例，這種力量如此強大，甚至連在不同時間碰觸已經儲藏好的馬鈴薯，也會有所影響。如果發現馬鈴薯提前壞掉，因爲是在「錯誤」的時間點將之收割與儲藏，只要找個「有利」的日子將馬鈴薯倒倉，就可以救回許多馬鈴薯。反之，原本存放得好好的馬鈴薯突然變爛，也可能是因爲「碰觸」到它、讓它移動的時機不對——例如只是要拿一些馬鈴薯去煮，卻不小心造成其他馬鈴薯滑動。

日常生活、家事、醫學、園藝與大自然中有許多矛盾的經驗，也許可以在這裡找到清楚的解釋，它適用於書中介紹的所有規則。

黃道十二宮表

下表是非常重要的工具，可以概覽每個星座不同的作用力，作用範圍包括身體部位、植物部位、營養質等等。此外，圖表上也有通用的星座符號，讓你在查詢書中附表陰曆上的符號時，能夠輕易辨識。

請你影印這張圖表，閱讀本書時可以放在一旁隨時查照。

黃道十二宮表

星座	符號	身體部位	器官	植物部位	元素	上升月／下降月	營養質	日特質
牡羊座	♈	頭 腦 眼 鼻	感覺器官	果實	火		蛋白質	暖日
金牛座	♉	喉嚨 說話器官 牙齒 下巴 脖子 扁桃腺 耳朵	血液循環	根	土		鹽	冷日
雙子座	♊	肩膀 手臂 雙手 肺	腺體組織	花	風		脂肪	風日 光日
巨蟹座	♋	胸部 肺 胃 肝 膽	神經系統	葉	水		碳水化合物	水日
獅子座	♌	心臟 背部 橫隔膜 血液循環 動脈	感覺器官	果實	火		蛋白質	暖日
處女座	♍	消化器官 神經 脾 胰腺	血液循環	根	土		鹽	冷日
天秤座	♎	臀部 腎 膀胱	腺體組織	花	風		脂肪	風日 光日
天蠍座	♏	性器官 輸尿管	神經系統	葉	水		碳水化合物	水日
射手座	♐	大腿 靜脈	感覺器官	果實	火		蛋白質	暖日
魔羯座	♑	膝蓋 骨頭 關節 皮膚	血液循環	根	土		鹽	冷日
水瓶座	♒	小腿 靜脈	腺體組織	花	風		脂肪	風日 光日
雙魚座	♓	腳 腳趾頭	神經系統	葉	水		碳水化合物	水日

第二章

遵循月亮循環，健康又長壽

將欲取天下而為之，吾見其不得已。
夫天下神器，非可為者也。
為之者敗之，執者失之。
夫物或行或隨，或歔或吹。或強或羸。或載或墮。
是以聖人，去甚去奢去泰。

老子

Vom richtigen Zeitpunkt
Die Anwendung des Mondkalenders im täglichen Leben

關於健康

現在每個人都知道什麼叫做健康。但在這之前，世界衛生組織爲「健康」下的定義還只是：「沒有疾病。」——或許是因爲往往在失去健康之後，才感受到它的可貴吧。話雖如此，卻是事實，因此現今許多醫生與護理人員針對健康，努力發展出一種新的觀察方式，例如慕尼黑的哈拉德．齊納德特（Harald Kinadeter）醫學博士對於「健康」，就有如下的描述：「對我們而言，健康就是一種能力與力量，讓我們之所以長成今日的我們，並能夠克服前方的阻礙；健康也說明了各種過程之間和諧的運作狀態，對人類而言，這些過程以遵循生命的意義爲目的。」

我們的祖先很了解其中關聯。懂得醫術的神職人員、薩滿、巫醫，在進行治療時都有個認知，那就是「人非機器」。人類不單是因演化的「偶然」而形成的骨頭、神經、肌肉與器官協不協調的系統；身體、精神與心靈也彼此影響，並且與圍繞在我們身邊的一切唇齒相依，包括其他的人、大自然，甚至是星座。

姑且不論生病原因是什麼，祖先們很清楚疾病的產生，與人類許多生命元素之間的氣失衡有很大的關係。之所以生病，很可能是壓力與放鬆，自我與奉獻，命運的起與伏等之間失去了平衡。

自然界的一切就只是聲響、波動與循環。因此，「均衡的生活」指的是，不可長期輕忽這類循環，或者老是逆勢而為。另一方面，「均衡」與每個小時的節奏、舒適感，以及時間緩慢、穩定又「微溫」的流逝，毫無關係。稍微越界，對於維持健康生活來說，就跟日常生活中的規律與節奏同樣重要。每個器官、每一種生物，都需要一點點的撞擊，也就是所謂的震撼，才能邁向發展的可能極致。

身體就像一艘結實可靠的船，需要一定的保養，才能達成豐碩或者與年紀相符的成就。而那或多或少需要定期補充氧氣，與各式各樣的食物等「燃料」，不僅是身體得攝取高價值與健康的食物，精神與心靈也一樣。自然科學的奇特宇宙觀主宰了當代的時代精神，讓我們忘記在身體這個「交通工具」中，還有感受、思想、本能等重要成員，更遑論「意識」這位艦長。

我們的意識，也就是我們對待生命的態度，這種態度共同決定身體的命運，共同影響身體的健康、效率與生活的樂趣，同時也左右大自然與環境的命運。態度反映出個人狀態，不管是生理還是心理的。

「態度」指的究竟是什麼呢?請想像一下:你穿上最體面的外套,正進行一場週日漫步。突然劈啪一聲,一坨鳥糞不偏不倚落在你的肩膀上,周遭人在一旁幸災樂禍。現在怎麼辦?勃然大怒容易讓你得胃潰瘍或是心肌梗塞,自怨自艾只會讓你眼中只有自己,反而受傷更多。或者,你也可以開心地吹著口哨回家,洗掉那坨好東西,嘴裡念念有詞,感謝上帝沒有把翅膀賜給一頭牛……

嚴格來說,除了弄髒的外套,生命中當然還有許許多多更悲慘的事。不過,一位好的艦長非常清楚他的態度影響甚深。他知道比起其他一切,「理所當然的疾病」要嚴重得多;他還注意到,沒有一件事對他來說是「理所當然的」,不管是走好運或狗屎運。生命中的失望總大過於希望與期待。艦長也明白,擁有一艘速度快的船,不會讓他成為更棒的領航者,更不會是一位方向感極佳的領航員。

人體是一項眞正驚人的奇蹟。數十年下來,身體似乎總能容忍錯誤的營養攝取、運動不足、菸酒過量、壓力、長期輕視身體的自然循環等,只是那反而讓人更難改變生活習慣,因為很多都已經成了心愛的慣例,讓人不想捨棄。我們對自己身體的眞正需求與節奏所知實在是微乎其微。

想成為一名自我生活經驗豐富的友好「經理人」,就必須清楚身體運作有什麼樣的負荷極限，在何種條件下能夠效能全開。這樣做需要很大的勇氣。要有勇氣認清種什麼因就收什麼果；認清疾病不是老天爺給的懲罰；更認清我們整個生命其實是有著波峰與波谷、高與低的節奏。

西方世界目前處於「恐怖健身」的時代中，隨時都要苗條、健美，保持最佳狀態，做好準備。這種理想幾乎可以說是對「自然」下戰帖，因為「自然」希望我們也能接受谷底，與之好好相處。在今日這個時代，需要勇氣沉著面對谷底，冷靜接受，不用抵抗、麻痺自己，或是大肆喧鬧。這世上的確存在著人類理智這種東西。學著傾聽它的聲音，就會知道：「沒有哪座山是沒有深谷的。」

人無千日好，花無百日紅。——《譚概》

重視自己的身體與周遭環境是種原始義務，但是「文明」麻痺了對於這種義務的感受力，也因此在許多生活領域中，我們能夠輕易交出對自己應該負的責任（沒關係，別人向我保證……）。

即使只向一位讀者指出：「『臣服』大自然的循環節奏，開心與自己相處，是非常簡單、非常舒適的。」就已經大有成就了。要能成為自己的好朋友，才能成為別人的朋友。在你決定接受「這種事情絕對不可能」的想法之前，請先心懷感謝去試驗這門經過考驗的古老知識。

以前用來冷靜權衡機會與選擇生活方式的規則，如今已經被舒適性取代——舒適性以及無限擴張的機會。事實上，不管是身體健康，或者是大自然的「健康」遭受威脅，都應優先考慮理性法則，而非舒適性。我們需要進步與科技，不需要放棄。不過，關鍵在於要有「準則與目標」。唯有掌握準則與目標，在研究與科技的幫助下，才可能擁有理性生活與完整無損的環境。

數十年來醫學飛快躍進，幫助了許多人。若能說服真正優秀的醫療人員，世上確實存在著一些對人類生活與身體有益、但有時候也非常不利的法則與循環，那麼人類又再度往前邁進一大步。

找出病因，對症下藥

建議你如何擁有健康生活方式的書籍已浩繁如星，本書不可能一一列舉相關的建議與忠告，畢竟這樣做也太無聊了。因此，這一章主要著重在月亮循環所產生的作用。不過，有些建議規則（第四章裡也有一些）跟月亮軌跡毫無關聯，純粹是個人親身經驗或與其他循環現象有關。

沒有一本談健康的書，能夠不探討疾病發生的深層原因。治療一開始時，應該先問：「怎麼會生病？」而不是「怎麼樣才能盡快把病治好？」我們必須正視原因，否則只是治標不治本，以後還是會生病。

深入探究疾病發生的原因，找出答案，幾乎可算是完整的診斷與半個治療過程了。不過，也很可能因此落入兩個錯誤的方向。其一，對答案非常滿意：「我之所以會感冒，是因爲被傳染的。」要不然就是苦思三天，研究過自己身邊的人之後，將過錯歸咎在父母與祖先頭上。這兩種態度一點幫助都沒有。

請放棄追究疾病發生的責任歸屬。這跟抓出誰是那個搗蛋鬼一點關係也沒有，不管是心不甘情不願的身體、精神、父母、過去，或者現實約束都一樣。如果你是只想等待醫學奇蹟的人，期待醫學在沒有你的幫助下「自動」發揮功效，那麼你從這本書中可能收穫不多。要知道，你得親自參與，將這視爲挑戰，訓練自己的警覺性，才會有所收穫。

如果能實實在在找到疾病發生的答案，醫生對你的幫助會比較大，你就能跟他一起解決問題，也不會常常抱著這種態度去看醫生：「我病了，請治好我的病。」醫生只能協助你幫助自己，喚醒自我治療的力量。如果你打從心底就沒興趣變得健康——因爲生病可以引起別人注意、可以躲避其他責任；生病是逃離困境的適當出口，要爲自己的疾病負責是件令人不舒服的事……等等——那麼沒有一個醫生可以幫助你，這本書也一樣。

在月亮循環這門知識爲健康的生活方式帶來好處之前，必須先了解：「疾病」的原因往往不是從我們體內找起，而是從殺傷力強的錯誤思考習慣著手，這些習慣大部分與競爭、恐懼與貪婪有關。就像希波克拉底斯（Hipokrates，西元前四六〇～三七〇，希臘時代有「醫學之父」、「醫聖」之稱）所言，它們往往才是隱藏在「違抗自然的諸惡」後面的眞正原因。

要冷靜客觀地看著鏡子，因爲這些缺點不會自己一開始就顯露出來。坦然地審視自己，接下來的建議才有可能眞正爲你所用。

我要再次重申，這本書無法、也不應該取代醫生。請勿覺得自己被迫一個人孤軍奮戰，不能尋求醫生建議與治療疾病。

「在演講會上，偶爾有人跟我提到好的醫生與不好的醫生。其實我認爲世上只有好醫生，只不過少數醫生在治療某些疾病時成效不彰罷了。開始治療的良辰吉日，具有決定性的影響。起初跟一些醫生談到月亮與其作用力時，我總是接收到令人不舒服的不信任感。不過，當他們在病歷表上反推、驗證我的說明，比較治療結果與當時的月亮狀況時，無不驚訝萬分。感謝老天，這段期間越來越多醫生在治療各種疾病時，會特別注意月亮循環的作用。尤其針對一再復發的病症或慢性疾病，尋找好的治療時機的機會很大。」

健康指標——營養均衡、代謝良好

你的食物就是你的醫藥。——希波克拉底斯

每個人應該都有過如下經驗——特定的藥、茶葉或藥膏，可以搞定某些大大小小的病痛；治療效果快速，常常還可以永遠消除一些症狀。但有時候不論怎麼照料或治療還是徒勞無功，治不好的念頭始終困擾著情緒。

首先，必須確認相關治療是否真的有意義，而且做出了哪些診斷。如果是建議使用解痙攣藥，清血茶就派不上用場；如果疾病的原因在於壞血，那麼止痛劑只能治標。

從診斷的結果，經常發現飲食與排便失衡是疾病的肇因。排便良好尤其對健康生活方式有著不可磨滅的重要性。很多大大小小的失調與疾病，都是飲食錯誤與排便不良所導致。而在健康預防與疾病治療上，只有少數症狀與排便過程一樣受到冷落，或是被當成禁忌處理。以前，顯然出於最好的原因，護理人員與醫生看病時總會馬上詢問排便狀況，從中找出最有價值的診斷與治療關鍵。俗話說：「吃什麼，像什麼。」並不是沒有道理。跟我們身體有關的一切，會變成毒或藥，端看成分與份量。此外，也不可忽略進食的時間，接下來你將會看到它的影響。

首先要知道，任何一種形式的偏食與「飲食控制」——某些特定疾病除外——都是錯誤的。這種論調你一定常常聽到，甚至可能已經讓你厭煩。但是，即使吃得非常「健康」，只要是片面、單一的，就是缺點。身體需要的不僅僅是「健康穀物」或是「纖維」。請你別誤會，我們也食用「健康穀物」，每個人也都需要纖維，不過要有各式各樣的食物才能促進消化，就像每個部位的肌肉都需要運動，才能維持整體效能一樣。

還有一點很重要，很多人習慣用過度的方式來治療排便問題。大部分原因在於沒耐性，希望趕快解決。但是，長久以來的行爲模式與飲食習慣不可能一夜之間改變，而且身體只能慢慢適應調整，就像挑剔的土地得慢慢適應自然的耕種方式一樣。讓自己再次熟悉自然本質與大自然的循環節奏，是需要時間的。腸子必須再次學會察覺自己的信號。

以前在學校念書時，就已經搗亂人體自然的排便節奏。要排便必須等待，等到下課，甚至得等到上午課程結束。而我們多數人又太「懶」，懶得早點起床悠閒地享用早餐，之後「清清腸胃」。如果排便不對勁了，絕對有必要稍微調整、甚至大幅調整生活作息與飲食習慣，這點絕對不用懷疑。

如果排便不良，產生便祕現象，那麼原本應該隨著糞便被清出體外的毒素，將會在體內停留太久，部分被大腸再度吸收。

回復規律、健康排便的最快方式之一，就是注意身體的訊號。相信大家都經歷過：如果忽略那幾分鐘的排便訊號，有時候得等上好幾個鐘頭，甚至好幾天，它才會再出現。而這幾個鐘頭內會發生什麼事情，現在你已經知道了。當然，要打斷上課或上班時間，告訴大家：「我得去大個便……」的確不是件容易的事。可是另一個選擇就是毒害自己囉！其他在場者惱怒的嘲弄眼神，只是暴露他們的態度。請忽略那些目光，爲自己的健康做點好事吧。

不好意思注意「規律性」的武斷排便焦慮症者，當然是大錯特錯。每個人都有自己的節奏，應該認清這一點，讓它成爲自己的權利，這才是最終目的。

書籍、廣播、電視與特殊雜誌挾著一堆「健康飲食」的建議，如雨後春筍般紛紛冒出頭——前天馬鈴薯與義大利麵還是個增肥高手，昨天馬鈴薯餐就成了減肥高手第一名，今天義大利麵又高升爲增強力量的食物。脂肪（膽固醇）是今日的頭號惡棍；反之，人類沒有脂肪卻又活不下去。明天報紙還會出現什麼呢？自己若不能判斷哪一種說法比較理性，而且合乎自然，就容易被拉來扯去，在所謂的「理想」飲食與專家之間搖擺不定。

飲食指導規則早已存在良久，但那談的不是「飲食控制」，而是眞正有意義的均衡飲食，搭配各式藥草，發揮預防以及治療的功效（這裡所說的「飲食控制」不是那些針對特定疾病所做的必要飲食規定；那些規定有其意義，而且非常重要）。某些時候，專家與前來諮詢者之間的關係究竟如何，下面這個故事可做說明：

〈只到胸部〉

一天，有隻豬來到河邊。

牠熱切地盯著對岸，因爲牠看見一堆美不勝收的新鮮堆肥，剩菜、馬鈴薯皮與其他可口的食物正從那兒散發著誘人的光彩。

可是這隻豬不會游泳。

「河到底多深？可以就這樣涉水過去嗎？」豬自言自語著。

「當然可以！」一隻鼴鼠說，牠剛從小山坡上的窩下來，聽到豬說的話。

「你說的是眞的嗎？」豬興奮地說。

「聽著，水很淺……」鼴鼠回答。

牠最後一個字還沒講完，那隻豬就已經跑到水邊，往裡頭跳。

剎那間，豬沉了下去，蹄根本碰不到河底。

費了九牛二虎之力，豬好不容易又踢又蹬地划到了岸邊，氣得對鼴鼠破口大罵。

「奇怪了，」鼴鼠說，「河水只到鴨子的胸部啊。」

下面即將介紹的內容或許可以解開一些困惑，而且逐漸內化成你個人的可靠鑑別力，帶領你分辨什麼對你好、什麼對你不好。只有那個才眞正算數，可不是什麼準則、規定與規則。

◎月相盈虧對飲食的影響

在我們說明黃道帶上月相與月亮位置的特殊影響力之前，先談談與健康生活方式、飲食有關的兩種重要月相，會比較有幫助。

上弦月

供應、接納、培養、吸收、吸氣、儲存能量、聚積力量、休耕、復原

下弦月

沖洗、流汗與呼氣、乾燥、活動、消耗

一旦感受到這兩種月相的不同作用，你就往前邁進了一大步，能將這種循環變化

和諧地融入日常生活中。如果你還是不相信，那麼請你觀察自己，自己探看、研究，就能體會到那些作用，而且認識自己。

一頓飯好不好吃，常常也屬於月亮相位變化的管轄範圍。上弦月時，食用同樣的飲食與份量，較常覺得飽脹，而且比下弦月的時候容易變胖。反過來說，下弦月時，就算我們吃得比平常多，也不會馬上增加體重。

除了月相之外，月亮在黃道宮上的位置也深深影響我們的飲食與消化。這一點不但被營養學家完全忽略，也幾乎從我們的意識中消失。雖然均衡的飲食很重要，卻不外乎是將所有的營養素——蛋白質、碳水化合物、脂肪、礦物質與維生素——全部一次擺上桌。那絕對沒有必要，而且也是不應該的。

請你想想並觀察看看，不是只有小孩子會有奇怪的「貪吃階段」。有時一連幾天，他們怎麼吃也吃不膩麵包，過幾天又換成水果或蔬菜。不過，這種「興趣」通常只持續幾天的時間。

如果我們有幾天只想吃沙拉，其他時候只想吃麵包，說得誇張點，這跟偏食絕對扯不上關係。將時間拉長更多天數來看，身體其實還是得到所需的營養。

偏食絕對是錯的，這點不用懷疑。但那不表示餐桌上得一次準備所有「健康」的食物。偏食與吃得「簡單」完全是兩碼子事。以前的人早就了解這一點，所以自然而然遵循著「食物搭配」（請見後面「食物搭配」）的進食方式。餐桌上一次出現馬鈴薯、蔬菜、小菜、肉、乳酪與生菜的情形非常罕見。

你可以從下表中發現原因何在。表中說明一天當中，黃道宮中的月亮位置與「營養質」之間的交互作用。

月亮圓缺對飲食的影響

暖日　元素：火　植物部位：果實

牡羊座
獅子座
射手座
營養質：蛋白質

這時候蛋白質的質量最好，所以對體格與感覺器官影響特別強。

冷日　元素：土　植物部位：根

金牛座
處女座
魔羯座
營養質：鹽

鹽的質量在這裡居優勢地位，對於血液營養供給特別有益。

光日　元素：風　植物部位：花

雙子座
天秤座
水瓶座
營養質：脂肪

脂肪與油的質量最佳，可供給腺體組織。

水日　元素：水　植物部位：葉

巨蟹座
天蠍座
雙魚座
營養質：碳水化合物

這時候有優良的碳水化合物質量，影響神經系統。

什麼是「營養質」？爲什麼月亮在雙子座時，「脂肪／油的質量」最好？這問題不容易回答，可以算是時間生物學（Chronobiology）的科學分支與研究範疇。種植橄欖樹的農夫與麵包師父或許會有答案，因爲在雙子座、天秤座與水瓶座等風日，橄欖油的收穫量比平常還多。而巨蟹、天蠍與雙魚等「碳水化合物日」，麵包師父可以特別注意一下，架上的麵包總是賣得特別快。

我們可以將黃道十二宮上的月亮遷移，類比成時針運行，以兩到三天的時間距離顯示出變化無窮的作用力，這些作用力影響著我們的飲食，以及身體利用食物的效能。橄欖樹中的油在「油日」這天跟其他日子特別不一樣，而身體善用油的能力同樣也有所改變。換句話說，食用植物與身體之間的協調與否，也得依賴進食的時間點。

不過，別期待這明顯的影響可以是個便於使用的系統、配方或是「飲食控制」，從現在開始能讓你完全倚賴的只有親自觀察，才能發揮這些訊息的效用與影響力。例如有些人在水日（巨蟹、天蠍、雙魚）特別容易消化麵包，另一個人吃了兩片之後，卻覺得撐得要命。但無論如何都要有耐性，根據上面的圖表與書中所附的陰曆表，幾個星期或幾個月後，你就能確認在哪些日子裡，什麼東西對你比較好；反之亦然。

- 假如你的腺體組織有點受到干擾，請特別注意在風日（雙子、天秤、水瓶）裡，什麼東西讓你覺得格外可口。你也許會發現「不對的食物」這時候尤其美味，因而需要稍微調整你的飲食計畫。一個月中挑選某些日子禁食特定的食物，會比一輩子都在進行艱難的飲食控制容易得多了。其他日子你也可以比照觀察。
- 若在水日（巨蟹、天蠍、雙魚）特別想吃很多麵包或是其他澱粉類食物，而且有體重方面的問題，就可以試試較容易消化的麵包，不要去碰高碳水化合物（即澱粉類食物）的東西。
- 土日（金牛、處女、魔羯）對於鹽的質量影響非常大。所以這幾天最好放棄肥肉、火腿、鹹鯡魚、軟乾酪一類食品。如果醫生規定只能進食少鹽食物，這幾天會特別麻煩。有些人在這時尤其能吸收鹽分，就得加倍小心。但遺憾的是，他們在這「有害」的日子裡對鹽又格外感興趣。你若覺得「偶爾一次算不了什麼」這句話說得好，就這樣豁出去，將會破壞整個月節制鹽分所產生的良好影響。只要好好觀察，你會慢慢找到方向，知道如何去度過這段時間。

■暖日（牡羊、獅子、射手）時，請你觀察自己的飲食計畫，是否比較偏蛋白質與果實類食物，這些食物對你的影響又是如何。暖日同時也是果實日，植物的果實這時對我們特別好。

如果你好幾天前就計畫好要吃的食物，或者你總在外用餐，菜色固定不變，那麼要進行與歸納的確有點困難。不過，你仍可以注意自己是否覺得東西好吃，或者吃進去後，胃會不會沉沉的，有沒有不舒服的飽脹感——這些訊息對認識左右自己飲食計畫的時間，非常有價值。每一種細微的變化都有其正面意義。

針對同一食物的不同反應，都是重要的觀察。今天你的脂肪容易消化，一週後卻又不然，接下來幾天嚐起來的味道又特別不同嗎？請你看一下陰曆，簡短記錄一下，慢慢解開自己身上的謎底。

即使你在果實日（牡羊、獅子、射手）只對富含蛋白質的食物或果實有興趣，或者在根日（金牛、處女、魔羯）特別喜歡吃較鹹的東西，只要時間節奏規律，這也不是什麼壞事。但前提是，你在這些日子對以上食物沒有消化與排便上的困難。「好消化」與「好吃」常常是兩回事，不需要額外提醒。但有一點很重要，有過敏體質的人請留意一下：不是在所有的日子裡，引起過敏的食物都能產生同樣強烈的作用。根據陰曆，很快便能歸納出當下對過敏的影響，以及結果如何。

一般來說，用餐時只攝取單一的營養，算是有點「偏食」，但只要特別注意觀察自己的狀況，並在一個月中食用四種營養質，就不會偏離太多，你可以很快確定自己是不是適合這種飲食節奏。不過有很多人可能無法忍受當時具有影響力的營養質，反而必須注意減少攝取量。因此，注意身體的訊號，有目的地將特定食物擺上桌（例如高血壓者，在根日就少鹽；高膽固醇者，在花日就少油），將帶來很大的好處。

就像我們感冒時，通常沒有什麼胃口。太好了！那就什麼也別吃囉。至少別食用會造成負擔的食物，或者減少餐點份量。不管什麼動物，生病或受傷時，會本能地停止進食，以便好好休息。畢竟在我們能夠利用從食物轉化而來的能量之前，消化過程就先需要耗掉能量了。

仔細觀察與感覺，而後記錄。經驗才是王道，這本書只是輔助工具。

◎這樣吃更健康

「根據經驗累積，我還知道其他健康飲食規則，這些與月亮變化沒有直接關係。我不想保留不說，因爲就這主題而言，那是不可或缺的，而我想傳達的知識也還尚未讓大家了解。」

■斷食——某一段時間內不吃固體食物——近幾年來成為一種「流行」。基本上這不是好事，尤其是想用在治療上面，讓身體排毒、再生。至於斷食之於減重，長久看來並沒什麼效用。想用蠻力改掉不好的飲食習慣，如杯水車薪。哪些規則可以去除「糟糕的」習慣，我們稍後會再說明。

不過，就明顯減少食物份量這層意義來說，斷食有其正面效果。西方國家持續一個月的四旬齋期，它緊接在狂歡節之後並非沒有道理。在這段時間內節制飲食是件不錯的事情，因爲身體排毒與再生的能力特別好，日後將可增加更多抵抗力。

比較鮮爲人知的是「基督降臨節齋戒」（從基督降臨節第一個星期日到十二月二十四日），同樣也是節制生活的有利時間點。時至今日，可能不太容易實行這種斷食方式，不過這個資訊或許對你仍然有用。而且有一點可以確定的是：比起在聖誕節後的假期，聖誕節前吃的糕點更容易讓你長肉。

新月當天實行斷食能夠預防一些疾病。這一天，身體的排毒效果特佳，若是進食，將會打斷或干擾排毒過程。

普遍來說，滿月前幾天或滿月當天少吃一點，也有不錯的功用。比起上弦月，在下弦月時，很多人出於本能會吃比較多，但不會因此變胖。

■食物搭配是個非常重要的規則。我們要隨時注意是否均衡攝取生長在地底下與地上的植物，一旦失衡，對整個人的生理與心理都有影響。很難具體描述會產生什麼影響，也無法直接說某人因此變笨拙或遲鈍，這樣似乎太過簡化；同樣的，也無法不假思索就因此認為，民族性的差異取決於不同的飲食習慣。即使如此，我們不能否認這兩種說法在某種程度上有其真實性。你得好好觀察，對這方面將有更深入的了解，也能找出答案。例如，你可以比較以地下根莖為主食國家的運動員，與專門食用生長在地面上蔬果的運動員，他們的體格與靈活度有何差異。

值得推薦的是，烹煮馬鈴薯時請搭配香菜、香蔥或其他香料藥草。這些香料的份量雖然比不上馬鈴薯，卻能夠抵銷「地下」的加強力量。

一般來說，不是每個人都能同時食用兩種不同種類的蔬菜。最好不要將個別的菜餚混著吃，而是一道一道食用。如果你的胃很敏感，不是生長在同樣環境條件下的蔬菜，就不能一起放在餐桌上。你可以先簡單看一下第四章「有益與不利的植物群組表」，以作爲搭配健康菜色的準則。

此外要小心兩種常見的食物搭配：同時食用全麥製品與咖啡因不僅有害身體，影響甚至擴及心理層面，容易頭痛、偏頭痛之外，長期下來還會失去耐性，有點攻擊傾向。

就連最受歡迎的乳酪配葡萄，也會產生類似的作用。大部分人對這兩種狀況根本不會有什麼感覺，但對某些人來說，結果卻很糟糕。更棘手的是，要了解原因很困難，因爲其中的關聯仍是個謎。

■用餐順序：先吃生食，然後才是烹煮過的食物。水果與堅果先於沙拉與生菜，接著也許是酸奶、麵包或是牛奶，最後是肉、脂肪、蛋、乳酪，以及甜點等不容易消化的食物。如果按照這種順序進食，你的胃會感謝你。

■斯卑爾脫小麥與青嫩未熟的麥粒：斯卑爾脫小麥是種簡樸耐寒的小麥，以前曾經遍及全歐，後來只看得到零星種植。可喜的是，現在又逐漸受到重視。青嫩未熟的麥粒則是尚未成熟便採收、且未經燻製的斯卑爾脫小麥。市場上的斯卑爾脫小麥被研磨成不同粗細的麵粉、穀粉與麥片，或是速食（斯卑爾脫麥粉、青麥餅等等）。只要可能，非常建議以斯卑爾脫小麥取代廚房中其他的麵粉。

斯卑爾脫小麥這種營養價值高的食物，爲什麼被食用千年之後竟會沒落，至今仍是個謎。中世紀偉大的女博物學家與神祕學家希德嘉·賓根（**Hildegard von Bingen**，一〇九八～一一七九），稱斯卑爾脫小麥爲「人類的食糧」。

在此並不需爲斯卑爾脫小麥辯護什麼，只要幾個訊息就足夠引起你對這種天然「藥物」的興趣。其中有些資訊，來自我一個專門研究斯卑爾脫小麥的農夫朋友——

斯卑爾脫小麥富含人類需要的所有營養素，份量和諧均衡——不僅存在於麥皮上，同時均勻分布在穀物之中。也就是說，即使經過高度研磨，它的營養價值絲毫未減。光以斯卑爾脫小麥與水餵食小孩，也不會出現缺乏症狀，但牛奶可就不然了。用來做爲控制病人飲食的補充物，也非常適合。

相對於大部分的栽培穀物，斯卑爾脫小麥在基因上是沒有問題的，健康價值與其內部能量相當地高。收成後的穀物可以用做種子，這是其他穀物品種做不到的事情。斯卑爾脫小麥可抵抗放射線與環境毒素，因爲它被層層包覆（外殼）。車諾比核爆事件後，它是唯一不受輻射影響的收成物。

■晚上不要吃油膩的食物。夜晚時，血液循環、肝與膽有其高低階段，如同你從本章「器官循環節奏表」可見一斑。油膩膩的晚餐尤其傷害器官，干擾良好運作。

■「星期三與星期五不吃肉。」——這個古老的說法不是沒有道理。

■鍋子有鐵、鋼、特氟隆、銅等不同材質，但最值得推薦的是搪瓷鍋，這是最好的材質。你不妨做個試驗：在鋼鍋或是銅鍋裡放進同一種食材，份量也要一樣，旁邊再弄個搪瓷鍋，然後仔細品嚐、吸聞味道，加以比較之後，結果就很清楚了。

當然，你也不用馬上丟掉老舊的鍋子。如果日後還需要用到鋼鍋，請從現在開始注意加熱時火不要開太強，這樣就能避免對菜餚產生一些不好的作用。

營養學這門學科，或許應該研究在不同材質的鍋中烹煮出來的食物成分有什麼差異，相信研究結果將能證明上述的說法。

■不要刻板地照著一週購買計畫來採買食物，最好根據當下的興趣與需求。借助星座替換來製作採購單，會讓這個工作有趣得多。

雜草還是藥草？

藥用植物是小型的發電廠，它的葉、根、花、果等，都可以用來減緩或治療傷口與疾病——但前提是，病人對待治療與疾病的態度要正確。

聰明地在廚房裡堆滿香料、藥草，不僅作菜時可以提味，還能預防多種疾病。或許今日應該回歸古老中國的概念——人們唯有身體健康時，才會拿錢與物品供養醫生。只要某個醫生管轄的區域出現一隻生病的「小羔羊」，就會被免除職責。因此，當時的醫生是從被他們照料的人身上賺取健康的費用，而不是因爲疾病。

各式各樣具有療效的高效物質被儲藏在藥草裡，常常集中在單一植物中：

膠質（果膠、地衣醣）能消炎、治療傷口。聚合草、款冬、藥用櫻草、矢車菊、雛菊、野蕁麻花、金盞花等植物中都有。

醚油具有殺菌、通血、促進或抑制內分泌、身體排水等不同功效，可見於百里香、蒜頭、龍膽、百里香、鼠尾草、菊花、月桂、香蜂草、茴香、羅勒。

皂素的作用光譜很大。獐耳細辛、藥用櫻草、樺樹、婆婆納、三色堇、毛蕊花中皆含有皀素。

硅酸可抑制皮膚與黏膜發炎，強化結締組織，存在於木賊、石南、蕁麻等植物中。

鹽滷（生物鹽、配糖物）能調節腸胃功能、舒壓、緩解痙攣。洋艾、龍膽、蒲公英、蒿子、鼠尾草、金盞花等植物中都有。

鞣質可防止腸胃黏膜發炎、中毒與皮疹，存在於懸鉤子、斗篷草、栗子（七葉樹）、婆婆納。

水楊酸具有殺菌、止痛等功效。柳樹、紫羅蘭（堇菜）、金盞花等植物有水楊酸的成分。

止血高效物質存在於薺菜、西洋蓍草、槲寄生、蒲公英之中。番瀉葉、歐鼠李皮、鼠李、藍堇具有可通便的高效物質。

上述並不是完整的清單，即使在今天，仍有許多高效物質陸續被發現。也因此，我們的祖先憑著本能判斷，就能發現治療各種疾病的藥草療效，更是讓人驚訝萬分。醫學觀點經過多次轉變，「一個整體大過於各部分的總合」這個觀念逐漸獲得認可。例如，就算高劑量使用一株藥用植物的純高效物質，長久下來，比起使用整株植物，效果還是較爲疲軟。

原子物理學有兩個觀點對這個新方向的形成有其貢獻，其一，「死物質」與生命之間的僵化界限，只是一種思考上的錯覺；每一種東西同時與整體宇宙緊密相依。原子物理學家與諾貝爾獎得主海森堡（Werner Heisenberg）認爲：「我們發現，我們研究的東西具備了可以用來普遍描述上帝的一切特點。」

唯有整個使用藥用植物才有效果，這是古老的民俗知識，也是製藥工業與學院醫學這些「主事者」不可忘記的。就像百年前的官方醫學與現在不同，百年後回顧現今的許多方法時，想必也會帶著同情的心態吧。

印度人、埃及人、猶太人、希臘人、羅馬人，尤其是阿拉伯人，將藥草療法提昇至崇高的地位。基督教爲了徹底消滅「異教」習俗，一開始做了許多壞事，這類知識大部分因此被摧毀；後來，懂得醫術的修士會忽略官方觀點，積極維護這門古老知識，才補救回來。

其中尤以本篤會修士最爲努力。不過，卡爾大帝這類世俗權力者對於振興中世紀藥草療法同樣功不可沒。透過大阿爾伯圖斯（Albertus Magnus）與帕拉塞爾蘇斯（Paracelsus）等人，希波克拉底斯、葛倫（Galen）、迪歐斯庫爾（Dioskur）也再度被閱讀、教導。帕拉塞爾蘇斯戮力不懈地對抗唯物主義關於人類與疾病的觀點，這場對抗流傳至今，很類似目前自然療法與學院醫學之間的紛爭。不同的是，現今正統醫術這邊多了一種新的抗爭方法——訕笑、嘲諷與忽略對方。這是最有用的方法，因爲唯有在一場「徹徹底底的」公開對抗中，旁觀者才有機會認識兩方的觀點，做出自己的選擇。

不過長久下來，眞理終將撥雲見日。在此之前，你應該更相信自己，而非「權威」。

大自然之光不會說謊，
但是理論學家卻將光反過來對抗大自然。
人類弄反了，所以大自然之光也就反了。
因此，先尋找眞理之國吧，
這樣一來，你們做的將比人間發生的事情還多。
完全不要懷疑上帝——我們那位至高無上的醫生。
如此我們才能愛祂與鄰人，如此祂才會賦予我們所需的一切。

不過，我們一旦懶散，忘記了愛，
我們以爲自己擁有的一切將被拿走。
——帕拉塞爾蘇斯

或許你會發現後面幾頁少了藥用植物與使用方法的清單，或未鉅細靡遺列出常見疾病與各自的治療方式。但我們因爲不同的原因，而不這麼做。能做爲萬靈丹的藥草並不常見，大部分藥草可以透過某一部位或者整株植物，治療各式各樣的干擾與失調；相反的，也有許多藥草同時具備減緩或是治療某一特定疾病的功能。

市面上有一些優秀的藥草書籍，只要再加點補充就會更完整。也就是說，它們所欠缺的只是「良辰吉日」的運用，本章將有所說明。

閱讀藥用植物書籍時，你會發現廚房中的香料——從香菜、香蔥、迷迭香、鼠尾草、獨活草，到香豬殃殃與蒿子——都是具有預防與治療功效的植物。它們全淪落到「調味料」的層次，實在很不合理；而且現在的下場可能更慘，因爲化學比大自然更積極在「改善調味」。

更令人驚訝的是，一些被稱爲「雜草」的植物，如蕁麻和蒲公英等，同樣也具有療效——卻因外表而被一般園藝工作者趕進倉庫，在抽出製作化學清潔劑的成分後，就完完全全被消滅。這是個怎樣本末倒置的世界啊！沒有比在初春這個良辰吉日採摘下來的蕁麻更適合清血了；至於蒲公英的嫩葉與花所具備的力量，大家都知道它能減輕或消除勞累。

◎適時攝取藥草

藥草可以幫助我們擁有和諧健康的生活，因此了解它們採收與儲藏的正確時間很重要，這與植物保存以及能否發揮最大療效，有著緊密關係。

不論何種藥用植物，重要的是應該深入認識其所含的高效物質。整株植物，或者植物的某個部位也都應該保留下來，因爲就健康食物來說，纖維質的價值也很高。

不過，還要重視植物能產生什麼效用，例如消炎、通便，或者是可以增強某一器官功能。每一種植物都有其他特色或含有其他成分，而且，並非每種植物用在每個人身上的效果都一樣好。同樣的病痛，有人全然無法忍受藥用植物，有人卻在久病之後，很快就出現療效。每個人有自己的反應，這點需特別注意。另一方面，喝了藥草茶後若覺得效果不錯，就不用擔憂它的成分。就藥草而言，採收的規則相當有趣，也值得注意。

◎採收藥草的原則

在大自然或是庭院中採收藥草的最高規則是：用多少，採多少；除非要預先準備過冬的份量，才多採一些！這是出於對大自然的敬意與對他人的體貼。對於受到保育的稀有植物，更要格外謹慎。

請將範圍限制在自己熟悉且辨認得出的藥草上。挖出根部的時候，尤其必須集中精神，否則植物很容易從挖掘處引發死亡。一定要留下一些植物，不要全部挖光，帶走治療需要的份量即可。

◎採收藥草的良辰吉日

藥草的療效不是平均分布在整株植物當中。有些採收時間之所以不好，是因爲這時候高效物質可能存在於花內，可是你要用的卻是根部；也可能你剛摘下花與葉子，根部的療汁卻正聚集新的力量。

經常可以在自然製品的藥物標示上看到，不同程度的變色或是混濁，都屬於正常現象。由此可知，藥草收成後的結果並非全然相同，尤其是栽種在大農場裡的藥草，畢竟那裡不太重視恰當的採收時機。

選擇採收時間的首要條件不外乎個人的感受與觀察天氣。花日摘花，雖然普遍來說非常適合，不過如果沒有陽光，或者氣候寒冷，那麼這個恰當的時機也發揮不了多大幫助。要時時留心「今天」適合做什麼事，而且什麼可以做、什麼又不行。關於採收藥草正確時間的建議，雖然很有價值，但如果不在乾燥的好天氣下進行，採收藥草也就沒什麼意義了。

◎一年中最佳的時間

簡單來說，一年中最佳的採收時間是春天，植物仍然年輕，這時的療效最強。年輕植物中的成分很容易溶解，年老的植株卻不然（例如硅酸），完全沒有用（請見P84〈個別的植物部位〉）。

◎一天中最佳的時間

清晨與傍晚時刨根。

上午，晨露已乾時拔葉。

有日照時摘花。花必須完全綻放，但離凋謝還有一段時間，否則療效較弱。

全天都可以採收種子與果實，因爲它們不像其他植物部位那麼敏感。不過要盡量避開正午大太陽的時間。

◎黃道帶中的月亮位置

黃道帶中的月亮位置在採收與使用藥草上扮演重要的角色。規則如下：

為了進行治療或增強身體部位採集而來的藥草，在採收日當天的星座若是掌管此一身體部位，效果尤佳。

譬如處女日採集來的藥草對消化不良特別有效，雙魚日的藥草製成軟膏最好。

下表能讓你清楚了解其間的關聯：

星座	治療
牡羊 ♈	頭痛、眼疾
金牛 ♉	脖子痠痛、耳疾
雙子 ♊	肩胛帶緊繃、吸入性肺病
巨蟹 ♋	支氣管炎、胃、肝膽疾病
獅子 ♌	心臟病、血液循環不良
處女 ♍	消化器官障礙、胰腺失調、神經疾病
天秤 ♎	髖骨問題、腎臟與膀胱疾病
天蠍 ♏	生殖器方面的疾病。這一天適合採收所有的藥草！
射手 ♐	靜脈問題
魔羯 ♑	骨骼與關節方面的問題、皮膚病
水瓶 ♒	靜脈問題
雙魚 ♓	足部毛病

不過，你還是得記得天氣乾燥時再採收藥草。因此，這個規則還是有所侷限，畢竟就算採收的時間正確，天氣也不一定總能配合，或許還得等上好幾個星期，才會出現適當的條件。然而，從恰當時機收集來的藥草，經常能成功治癒許多難纏的慢性病。所以等久一點是值得的。

◎個別的植物部位

留心藥草個別部位的採收時間，比起遵守正確的星座時間更爲簡單，而且效果也不錯：

■根：挖根的恰當時間是在早春、植物尚未完全成熟之際；或者秋天植物又縮小的時候。在此之後，汁液將再度下降。根部要在滿月或是下弦月時刨挖，才能聚集更多力量。切忌在日照下挖根，夜間時刻——日出前或晚上——最爲適合。下降月（請見第一章）與金牛、處女、魔羯等根日也是恰當的採收時機，不過金牛沒有其他兩個效果好。

■葉：幾乎整年都可採收，但前提是植物得鮮嫩。如果汁液老早已經布滿整個植株、開過花或者在這期間沒有收割過，就不適合作為治療之用。

摘葉的時候不一定要陽光普照，不過晨露應乾，因此上午是最好的時間。

新月與滿月之間的上弦月是採收最佳時機，其他的選擇是上升月（從射手到雙子）或者是**葉日**（巨蟹、天蠍、雙魚）。**天蠍日**採集而來的藥草往往具有特別的療效，尤其適合乾燥、保存、儲藏。

巨蟹與雙魚兩日採收的葉片最好馬上用掉，但清血功能高的蕁麻例外，只能在下弦月採集，飲用蕁麻茶的時間也是一樣。其他更詳細的資料請見本章後面。

■花：最有效的採收時間大多為花朵盛開的春夏兩季，尤以中午為佳。艷陽高照，或氣溫至少要夠溫暖，花朵才會綻放，治療物質也才能轉移到花上來。開過花的植物並不太適合。

上弦月或滿月摘花最好，如果上弦月時氣候不佳，妨礙採收，上升月（射手到雙子）時也可以。花日（雙子、天秤、水瓶）也很適合，要不然就單純在滿月時行動，不用管星座。

若是準備冬天才用，那麼下弦月與上升月都可以，因爲那時花絕對已經乾燥了。

■果實與種子：摘取時，果實與種子都應該要成熟，不能還青青綠綠或爛爛軟軟的。時間是夏或秋。天氣乾燥與否比一日採收時間還重要，但要避開中午的大太陽。

上弦月採收的果實與種子要馬上使用。若要儲藏與保存，上升月（射手到雙子）比較適合。不錯的採收日為果實日（牡羊、獅子、射手）；最糟的時間是魔羯、雙魚、巨蟹與處女。

◎月圓的神奇力量

這時讀者們也許覺得這很像藥草女巫的恐怖童話，她們打算在滿月時做些奇怪的事情，在深夜駕著掃把從外頭採了什麼東西回到黑貓身邊。

事實上，滿月的確是採集所有植物或是某一植物部位的最好時機。在滿月或是下弦月採來的根部，療效比其他時候更強。那些可以治療重大疾病的根部，絕對不可以在陽光下挖掘。滿月時，森林裡或是採集地也有足夠的月光照耀，可讓人辨別藥草；而在新月時卻是伸手不見五指。古時候沒有手電筒，應該也沒人想到要帶著火炬到森林裡去；就算有，也絕對不會是懂得醫術的人。

在女巫故事裡一再出現的貓是個重要角色，原因在於：以前的人觀察貓的行為，從中發現了意義非凡的線索。貓在睡覺或是休息時，總喜歡窩在「不好的場所」，也就是屋裡出現負面能量的地方（如水管上方或是有地震射線處）。貓覺得舒適之處，早期的人絕對不會把工作室設在那裡，更別說是床。這個重要主題我們稍後會再提到。

你看，古時候的童話故事，竟是奠基於如此具體又容易理解的事實上。

◎藥用植物的保存

在持久、乾燥、儲藏與保存方面應格外謹慎。稍有失誤，來自大自然的珍貴禮物將消失殆盡，這是非常嚴重的損失。

進行乾燥時，應將植物放在陰影處，而且要常常翻動。天然、透氣的物質適合墊在藥草下面襯底（最理想的是木架，紙張也可以）。千萬不要將藥草放在任何一種箔上頭！否則將無法保存一年以上的時間。不過這個問題還好，因為我們一年到頭都拿得到新鮮的植物。請別忘記，不要採收太多，適量、理智與感受都是不可或缺的因素。

儲藏與裝入玻璃罐、紙箱的恰當時間是下弦月，無關乎採收日期。切勿在上弦月時放入容器中，否則會有腐爛的危險。

深色玻璃罐與紙箱是最理想的收藏容器，能維持植物乾燥美麗，氣味芬芳持久，內容成分不變；太亮會產生不好的影響。

植物有不同的乾燥時間。要注意的是，比起在下弦月，上弦月採收來的藥草在乾燥過程中一定會留下一些東西。

不是每株藥草都需要將個別的植物部位乾燥處理。許多藥用植物或廚房的香料（如茉喬欒那、百里香、香菜、獨活草），只要像花束一樣，將整株植物頂部朝下、掛在通風的地方乾燥就可以了，之後再用一般的方式裝罐。這個方式可以節省空間，美化環境，乾燥植物的香味還能營造出一個舒適空間。能快速乾燥的藥草最適合採用這種方法，因爲就算綁在一起，也不會有腐爛的危險。

你或許會抗議不是每個人都能在野外採集藥草，或是自己擁有一座藥草花園。不過，藥局或藥草店裡的植物也具有同樣效用，一樣有幫助。但對於慢性病等棘手疾病，正確的採收時間非常、非常重要，絕對要特別注意。

◎調製與使用

不管生食或熟食，被當成蔬菜（鼠尾草、接骨木花）、沙拉（水田芥、鮮嫩的蒲公英）或是菠菜葉（蕁麻、熊蔥）食用的藥用植物經常效果最好。除此之外，還有許多同樣有效的調製與使用方式，下面提出幾個來討論：

■茶與沖泡：這是最常用的方法，尤其適合含有醚油的鮮嫩藥草。如果煮太久，醚油會揮發掉。

用三根手指頭抓起乾燥或新鮮的藥草放在杯子裡，從上頭淋下煮沸的熱水，蓋上蓋子，放個三到十分鐘，然後過濾。有個簡單的偏方——看看藥草有沒有沉到底下去，可以判斷茶是否泡好。不過，有些含油的藥草（例如百里香）就算過了幾個小時也不會沉到底下，這時只要泡個十到十五分鐘就夠了。茶泡好後，要趕快喝掉，以免有用的治療物質就此消失不見。

■煎藥：適用不容易溶解的治療物質（鹽滷、鞣質），特別是木材、根莖等部位。煎煮的時間全憑感覺，不過通常不超過十五分鐘，但有些木材與根部得熬個半小時才行。

如果可以，請勿使用鋼、鐵、銅或黃銅等材質的器皿。

「關於要在水煮沸後再加入藥草，還是一開始就放入冷水中，讓它跟水一起煮滾，眾說紛紜。但家裡教我用後者的方式處理，到現在我也還沒發現其他更好的方法。」

■冷泡：有些藥草不能用熱水沖泡，也不能煮沸。這類藥草通常就泡在冷水裡放一夜，隔天早上喝掉，然後把過濾後的藥草用新水很快煮一下（不要用之前的冷泡茶！），也還能攝取到其他的治療物質。

■萃取物是黏稠的藥草提取物，例如澆上經過冷壓得來的橄欖油，就會產生溫和的稠狀物。

■原汁：有些藥草很適合榨成汁，不過由此而來的原汁不適合久放，得馬上用掉（根據藥草特性，看是喝掉或罨敷）。

■藥酒：流質萃取物，大部分透過稀釋後的酒精取得。抓滿滿一把藥草放進瓶內，淋上燒酒，完全淹沒藥草。放在溫暖的地方兩個星期，藥酒便製作完成。

■軟膏：植物、植物萃取物可加入油脂做成或煮成軟膏。如果有機會從農夫那邊拿到以自然方式畜養的豬肉，請求他給你在滿月屠宰的豬隻的油。農夫或許也知道這樣的豬肉特別多汁，容易保存。請以低溫加熱油，但記得不要在處女日做這件事，否則容易發霉、不好保存。

在家裡，將新鮮的藥草（金盞花尤佳）放進加熱的豬油中，整個煎一下（祕訣：大概跟煎豬排差不多時間）。兩把藥草差不多配一個果醬罐大小的油。之後將高溫的油與藥草放置二十四小時冷卻，隔天再稍微加熱，讓油溶化成液體，再過濾到乾淨的玻璃罐，放在陰暗處。這種藥膏可以對付不同的疾病，例如咳嗽或支氣管炎，可塗抹在胸口。

重點是，請帶著耐心與愛心完成這項工作，千萬不要趕時間。唯有如此，才能好好感受工作是否完成，藥草與油的份量分配是否理想。還有處理時請用搪瓷鍋與木杓。

製造軟膏的適當時間爲射手與雙子之間的日子，也就是上升月時。如果你無法在這個時間完成，請記得避開巨蟹與處女的日子。

「我在演講有時會開玩笑說：你們在處女日絕對分身乏術，因爲那是做園藝工作的良辰吉日，例如移盆、栽花、種樹等等。」

滿月同樣也是做軟膏的好時機，植物中的治療物質含量最高。放置二十四小時後，在下弦月時裝入玻璃罐，絕對可以保存更久。

■藥草枕頭：藥草枕頭是個很好的東西，不過千萬別使用保育類植物。藥草應在上弦月時採摘，在下弦月裝入細密、天然的材質中（例如亞麻）之後縫緊。花日採集來的藥草，香味特別持久。

藥草選擇取決於希望枕頭能夠發揮什麼功效，而多數需求在於讓人鎮定、氣味宜人。藥劑師可以給你建議，幫你搭配藥草。就算是買來的藥草，也應在下弦月時再做處理。除此之外，藥草枕頭還可以給關節炎患者與過敏者使用，能減輕很大的不適與疼痛。

「以前到處看得到蕨類植物時，總會將它灑在床上。將蕨類植物縫入兩張床單之間，可以給關節炎患者鋪在底下當床墊。如果病人夜晚會抽筋，還可以將石松裝入枕頭裡來減輕痛苦。現在因爲某些立意良好的原因，使得蕨類成了保育類植物，不過市面上還是可以買得到。也因爲如此，顯然就無法控制蕨類的採收日一定得在滿月時，不過還是含有一定的治療物質。」

枕頭不可以在潮濕的天氣下通風，請在氣候乾燥時再把它鬆一鬆。

◎三種使用實例

■清血處方：很多疾病一開始的症狀是「不良出血」，從外觀上來看，皮膚通常是不健康、不乾淨的；若是進行檢驗，就可發現膽固醇、尿酸過高等問題。使用蕁麻進行清血療程有許多好處。健康的人也可以在春天時做個簡單療程，以去除身體的疲勞。這療程還可以刺激膀胱與腎臟，促進消化器官的功能，以及補充許多礦物質與維生素。

請你在下弦月時（如果可以，在每天下午三點到七點之間）盡量多喝蕁麻茶（大約兩公升；藥草份量爲滿滿兩大匙）。然後等個十四天，在下一個下弦月時再重複同樣步驟，直到疾病獲得改善或消失爲止。健康者只要根據上述方法，在下弦月做個兩次十四天的療程就可以了。

最好是在下弦月時採集蕁麻，並使用嫩葉。春天時節當然優先選擇新鮮的蕁麻，而不是經過乾燥的。

如果月亮正好位於土象日（金牛、處女、魔羯），請多收集一點藥草，平常每日常用份量再多一點，將它乾燥，留待冬天用。但是，冬天不可以進行此一清血療程，偶爾吃得太油膩後——例如高卡路里的聖誕大餐——喝點蕁麻茶，是很好的保養方式。土象日特別適合進行跟血液有關的事情。

■處理肉贅：肉贅、母斑與血管瘤只能在下弦月時去除或治療，與使用的方式無關。如果新月時尚未成功去除掉，務必停止，等到下一個滿月再繼續（那時候通常已經不需要了）。上弦月時（尤其是巨蟹日）進行治療或是開刀，基本上都非常不利。

白屈菜經過證實，可以去除肉贅。請在滿月開始療程，每天在患部抹上新鮮的白屈菜汁。白屈菜汁是橘色的，從折斷的莖流出，有毒，使用時請特別小心，不要誤食了。使用後就算之前的肉贅已經不見，也請將治療過程持續到新月。

下弦月之際，使用蒜頭特別能夠去除腳底疼痛的肉贅。請在貼片上剪個洞，大小就跟肉贅一樣，貼在腳底，露出肉贅。將新鮮的蒜頭切半，夜晚用其他的貼片將蒜頭固定在肉贅上。早上，最好是沖完澡後再撕下，晚上再換新鮮的蒜頭。如此反覆使用，直到新月為止，之後請停止。慢慢地，肉贅顏色會變深，最後很容易就可以弄掉。

■斷奶：斷奶很簡單，而且不需要服用藥物——除非是剛生產完。滿月之前，逐漸減少哺乳的次數，也不要喝太多東西。在滿月時做完最後一次哺乳，這天同樣少喝東西。鼠尾草茶對斷奶格外有效。

重要的健康法則

最偉大的智慧顯露在最簡單、最自然的事情安排中，
但人類往往無法辨別，因爲一切是如此簡單、如此自然。
——約翰．彼得．賀伯（Johann Peter Hebel）

在這個章節中，你將獲得其他跟月亮循環沒有必然關係的健康法則，不過就像其他規則一樣，這些全都奠基於眞實的經驗與長久的觀察。你必須耐心冷靜地驗證，因爲這是唯一可以提供且有效的證據。當然，醫生與統計學者只要將不同治療過程的病歷表與月亮循環做個比較，不需花費多大心力，就可以檢驗這些法則的正確性。像「這些我沒聽過，所以一定不是眞的。」這種反應對此一點幫助也沒有，但我們可以理解，因爲幾百年前，人們才知道蠶絲是毛毛蟲吐絲而來。而在此之前，大家都「一心以爲」蠶絲是天使製造的。

這裡再次提一下兩種月相的基本特色：

上弦月

供應、接納、培養、吸收、吸氣、儲存能量、聚積力量、休耕、復原

下弦月

沖洗、流汗與呼氣、乾燥、活動、消耗

現在要在日常生活中適應這類的循環節奏，不是件容易的事情。尤其在許多層面都一樣——私人生活與職場生涯中，幾乎所有的過程、禮俗與習慣都很難顧及自然的作用力。因此，「壓力」就以不同的形式出現，常常迫使我們荒廢、忽略自然的訊息、自然的感受，以及健康的人性理智。

只要能了解殘害健康的壓力大部分是自己製造的，就算相當不錯。這些壓力源自於在錯誤的時間出現太多願望，反之亦然。當我們內在與外在無法勝任自身所承擔的責任，或是內心出現抗拒時，壓力就隨之而生。

一旦我們強迫自己的身體長期去忽略大自然的節奏——月亮循環、生物節奏等等，

身體就會有所反應。剛開始可能看不出來，因為我們年輕，負面的作用仍像水滴般微小，或者吃個阿斯匹靈就可以解決掉。但是許多小作用力逐漸累積，產生了疾病，而病因繁多如「冰山頂」般難以追蹤。「疾病不是一天造成的啊！」

因此，這裡要一再強調本書不是什麼萬靈丹，也沒有快速有效的處方。循環節奏受到損害的作用是緩慢的，與其調整和諧的生活也得慢慢才會出現正面的效果。每天花個十分鐘靜靜坐著，想想自己一天當中有什麼活動可以遵循月亮循環的節奏，就會找到一些答案。這裡所說的，不是提昇效率，而是一種可以自動推斷出「正確」行動的觀察結果。而在身體器官上的改變也是循序漸進，絕對無法一蹴可幾。

但你可以做的是，將所有可以更改日期的費力工作與興趣（現今很多興趣也退化成辛苦的工作了），挪到下弦月時再做。不急著馬上就要做完，慢慢地，一步一步來，同時觀察這項行動產生的效果。

沒有什麼比個人親身感受還要具有說服力。例如在下弦月那兩個星期，你會覺得做起清潔、沖洗、去污等家事更具成效（請見第三章）。當你感受到在下弦月時竭盡心力、多加衝刺，而在上弦月時蓄積能量、放鬆、煞車、準備、計畫是多麼自然舒服時，將不禁自問：為什麼不早點發現這門古老知識呢？

◎何時開刀最有利

關於手術這個在身體上動刀的棘手主題，得在這裡詳細討論一下，因爲它實在太重要，不可就此略去。

除了緊急開刀之外，任何一種外科手術越接近滿月時實行，就越不利。滿月會產生負面作用。如果情況允許，應該選在下弦月進行。

月亮如果正好行至掌管某一身體部位的星座，那個身體部位的負擔就會特別大，或是特別疲累，比起其他日子更容易受到傷害。因此要盡量避免在這些日子動手術。

每個外科醫生會因此發現，或甚至已經擁有許多相關經驗：在那樣的日子裡，發生併發症與感染的情況格外多，需要更長的治療與休養時間。滿月前後，出血較強，不容易止住。

希波克拉底斯在他的日記寫道：「月亮行至掌管某一身體部位的星座時，不要用鐵去觸碰身體那一部位。」他的意思是：不要在其相關星座影響最強時，在那個身體部位動手術。至於哪些身體部位被何種星座影響，可查詢第一章的圖表，或者本章後面的資料。例如在雙魚日不要動腳部的手術，獅子日時心臟不宜開刀，諸如此類。

你或許會問：如果在獅子日進行心臟手術，並選在時機有利的下弦月時，會有什麼負面影響呢？遇到這種情況時，很簡單——下弦月的有利影響比獅子的負面作用還要強。以此爲例，將列舉有利與不利於心臟手術的作用：

最不利：滿月、獅子日
很糟糕：上弦月、獅子日
不好：上弦月、其他日子
尚可：下弦月、獅子日
很好：下弦月、其他日子

一旦體驗過月亮循環節奏的效力，或者相信這類事情之後，便產生兩個重要問題：

■診所或大醫院裡的外科醫生，不管他是院長或只是個雇員，該怎麼將這些法則融入現代醫學當中？

因爲有所認識、體驗，就會形成一種願望；而只要有願望，就會有路可走。

■病人該怎麼讓醫生接受自己決定的開刀日期？

一般來說，多是由醫院與診所決定開刀日期，很少情況能夠以上述提到的規則爲基礎，告訴醫生你想自己決定日期的原因。在本章最後，針對身體保健有重要的說明。也許其中的想法與建議不僅能夠幫助你「實現願望」，還能再度尋回這門知識應得的重視。

◎「好風水」也是健康因素

每棟房子或住家都有好與不好的地方，這跟什麼東西位於這個位置上沒有任何關係——這裡可能是座牆，或者有桌椅、床鋪，也許還是廚房。

每個人能夠分辨這些地方的能力有所不同，通常在童年與青少年時期的敏感度會比成人後高出許多。而且每個人的反應也不一樣，有些人長年睡在位於「不好位置」上的床鋪，也不見他生病；但有些人可能只在不好的位置上坐了幾分鐘，就開始焦躁不安。

究竟是什麼影響了這些地方，至今未有研究。不過可以確定的是，各類輻射絕對有份——例如地下水管、地震射線之類的東西。但是正統科學沒什麼興趣根據經驗法則，深入研究這種不需花費心力就可證明的現象。只要那些正經的科學家一投入這個主題便會喪失他的「好名聲」，恐怕就更有得等了。

不過，要用現今一般的方法仔細研究，也相當困難。其中一個重要原因在於，尋找水源或礦脈的有經驗行家，幾乎無法進行這類研究，他們知道在場只要有一個人懷疑這項技藝與其價値，研究結果往往是歪曲的。

以前，「好風水」的現象是人盡皆知的——中國古時候在蓋房子時，總要先仔細勘驗一下地基，並率先將這門知識的實際運用經驗記錄下來。西方人則是使用枝條與鐘擺等「工具」，辨別好地方與不好的地方；此外他們也仔細觀察動物與植物的行爲，發現很多動物顯然是鑑定地點品質的測量器——例如貓、螞蟻與蜜蜂是所謂的「輻射搜尋器」——牠們喜歡的地方，對人類來說卻相當糟糕。螞蟻與蜜蜂把窩築在兩條水管交界上方。至於鸛與燕子普遍被認爲是吉祥物，之所以如此，大概是因爲牠們只在遠離輻射的環境築巢。鳥、狗、馬與牛都是屬於「逃離輻射的動物」，牠們居留之處，對人類來說也是個好地方。

許多父母已經觀察到：有些嬰兒總在床上翻來覆去、哭鬧不已，隔天一早就發現他窩在小床的角落；也有些孩子沒辦法待在自己的床上，跑去跟父母或兄弟姊妹擠在一起；一年來總是坐在不好位置上的小學生，常常毫無理由地成績低落，而在此之前，一切良好。有時候花錢在兒童房裡擺了張書桌，孩子卻老是跑到廚房寫功課——這情形大多是第一訊息，透露出書桌放的位置不對。

而在成人世界裡，也有一些觀察值得討論：

「以前有一些大莊園裡，女僕總是待不到幾個月就離開，要不然就是農夫年紀輕輕就過世，房子好似受了詛咒。其實大部分只是跟睡覺與工作的地點不好有關。」

或許你也注意到，有些家庭主婦做菜時站姿很奇怪，或者距離調理桌很遠；客廳裡有椅子，卻常常沒人坐；你自己處在某些地方時，總是很快就覺得疲累或是不安。一個平常能力佳且受到學生愛戴的老師突然教到「放牛班」，卻無法勝任且沒有安全感；歸納原因，只因爲他的椅子放在不好的方位上。有時他會不自主地幫助自己，例如走來走去，或者就坐在講桌上，而不是後面的椅子。

只可惜人類對於特定方向的感受力沒有固定的品質：有些人相當習慣負面能量——可能因爲他的床好幾年來都放在不好的位置上——所以他在磁場上總是被「不好的方位」

吸引。

不過一旦跟健康扯上關係，是否能夠分辨「好」與「不好」的方位，就顯得非常重要了。多年來坐在或是睡在不好的方位上，可能是造成棘手慢性疾病、長期頭痛、疲倦等毛病的元凶，或至少有其相關的影響。正因如此，我們甚至可以嚴肅地說：慢性疾病動完手術之後，若回到家仍睡在同樣位置的床上，簡直就是自殺行為。健康長期失調的人，最好找熟悉這項知識的專家來檢查一下睡房與工作室。

你現在應該會問：那麼自己能做些什麼，才能確認一個地點的品質。很遺憾地，這沒什麼祕訣。如果你有疑慮、有理由假設你或家人可能在不好的方位上工作、睡覺，那麼你可以試試移動家具，通常只要距離原來位置一到兩公尺就可以了。

◎怎樣戒掉壞習慣？

這個章節可從一個句子來切入討論：

新月是個很適合開始改掉壞習慣的日子，尤其是三月的新月，太陽從雙魚進入牡羊之際（即使如此，也沒好到你得為自己的好決心再等上幾個月的時間）。

不過「好決心」這個主題值得好好談一談。雖然新月是個最有利的時機，仍有一些值得注意的障礙橫在改掉「壞習慣」之前。

「我要戒菸（酒）。」「我不要再耿耿於懷了。」「我要多多照顧小孩。」「我不要再吃太多東西。」「從今天開始運動。」在你下定這些決心之前，應該要問問自己兩個問題：

▣我想改掉的真是個「壞習慣」嗎？

▣我想戒掉的原因是什麼？

針對第一個問題，有個小故事可說——

有隻猴子從水裡撈起一條魚，將牠放在樹枝上。

「你想幹嘛？」另一隻猴子很驚訝，因爲魚根本不是牠們可以吃的食物，於是問牠。

「我要救牠，免得淹死啊。」

這就是答案了！

你確定自己要改掉的毛病，眞的是個缺點嗎？眞是一種「壞習慣」嗎？也許你只是順從跟自己眞正本性完全無關的社會風俗，才想要有所改變；你可能是個強壯、熱情的人，卻因爲錯誤的顧慮，所以常常強迫自己不要認眞看待本性？

所有人心中都有隻奇怪的「猴子」，太常想將內在的魚撈出水面，拯救牠。「壞習慣」之所以壞，往往是因爲我們被訓練成要將它說成壞的。或者，它只是一股被導向錯誤方向的力量，只需要加以修正，就能對我們產生價値、有所用處。

下面的話聽起來或許有些挑釁——對於改掉壞習慣的第二個問題，如果你給了它一個所謂合理的答案，就打消你的計畫吧！因爲眞正算數的，是你發自內心的決定，你內在清清楚楚的意圖，不要有「假如」、「可是」、「因爲」。你若是因爲「那是健康的；因爲我要向媽媽／老闆／伴侶／所有人／我自己證明一些事；因爲我想要看起來更漂亮；因爲我另一半也戒掉了；因爲那可以讓我變成更好的人」，那麼你已經在自己的決心前面放了一塊失敗的基石。即使你竭盡全力、嚴格自持，成功改掉了壞習慣，也很容易就回復原狀，或者從另一個地方再次出現，結果可能比原來更糟糕。

〈關於後悔〉

後悔，代表回頭，或者完全放棄一個之前很有吸引力的東西。

大部分時候，從後悔中找到樂趣，

就像原來的錯誤一樣糟糕。

從一個對自己的改進非常驕傲的人身上，無法期待長遠的進步。
無知者的後悔在於感受到——
放棄一件東西或者討情告饒的強烈反應。
有種更高形式的後悔，即智者的後悔，
將引導至更高深的知識與愛。

——帕拉旺．薩弗（Pahlawan-i-Saif）

虛榮、恐懼、驕傲與貪婪往往是戒掉壞習慣的深層理由，這聽起來很嚴厲。我改掉缺點之後，因此實現了什麼？很簡單——我強化了自己的虛榮心、恐懼、驕傲或是貪婪，我比以前賦予它們更多力量。結果如何，不需要向你說明，只要看看自己四周就知道了。

如果你因此還想改掉壞習慣，那麼請你靜下心來，冷靜審視你的壞習慣，從各方面加以觀察，之後再決定要不要改掉它。為什麼？因為那是你的心願。結束，就這樣。為了貫徹你的決定，挑個新月的日子，對你會有幫助的。

◎器官的日常循環節奏

二十四小時中，體內每個器官都會經過一個高峰期，在這爲時兩個鐘頭的高峰時間內，效能特別好。隨後兩個小時則進入「創造性的休息期」。

爬山的人都知道——若是三點起床，對於一天的路程是個好的開始，五點則不然。肺部功能在凌晨三點以後的兩個小時運作格外好，這個好的開始能讓他提早克服五點以後的力氣減弱。

父母們也知道——如果能在晚上七點前讓孩子上床，他們往往馬上就能進入夢鄉。如果超過這個「七點界線」，接下來兩個小時想把他們哄睡便加倍困難了。晚上七點到九點，循環功能最強，身體在這時候完全不想睡覺。

幾乎每個人都有過這樣的經驗——中午一點左右，工作效率最差，尤其是用過午餐之後。在消化過程中負擔最重的小腸，這時希望得到應有的重視，工作特別勤快。它同時也希望身體的其他部位好好休息，因爲它受到植物性神經系統控制，任何形式的壓力都會讓它受不了。

你不妨看看南方國家的「午睡」，正是器官一日循環規則的最大體現。

器官的日常循環節奏

器官	高峰期	低潮期
肝	1-3時	3-5時
肺	3-5時	5-7時
大腸	5-7時	7-9時
胃	7-9時	9-11時
脾與胰腺	9-11時	11-13時
心臟	11-13時	13-15時
小腸	13-15時	15-17時
膀胱	15-17時	17-19時
腎臟	17-19時	19-21時
循環	19-21時	21-23時
蓄積能量	21-23時	23-1時
膽囊	23-1時	1-3時

你可以如此使用這項知識：一旦認識器官的高峰期，不必仰賴月亮的變化，就可以在恰當的時間吃藥、排毒，或者白天就可以採用一切能促進健康幸福的措施。

例如在十三點與十九點間飲用蕁麻茶，十三點到十五點間打個小盹（辦公室午睡），九點前吃完早餐，深夜一點到五點之間少抽菸、喝酒，以此類推。

請自己觀察、感受，將所觀所感簡短記錄下來——經驗好過資訊提供。資訊只是種工具罷了；就算是拿來當作工具使用的雙手，也需要練習。而心，則是帶領雙手的主角。

◎看牙醫

牙醫的工作狀況也受到月亮循環的影響。如果某個牙醫有興趣測試它的影響，只要做一個簡單的小實驗——找出那些齒冠、補牙與齒橋莫名提早掉落的病歷表，裝設時間大概是三年左右；再參考陰曆，畫個圖表，左邊寫上在上弦月時裝好的，右邊則是下弦月，結果自然會很清楚。

如果可以，盡量在下弦月時裝設齒冠與齒橋，比較不會出問題。

拔牙也請選在下弦月，特別是拔智齒，有時候那需要開個小刀才拔得起來。如果可能，在風象日（雙子、天秤、水瓶）這幾天最好。動下巴手術金牛日最不佳。

當然，要能遵守恰當的良辰吉日並不太容易，何況要私人診所也跟著適應月亮循環。不過，在本章後面，你可以找到相關的教戰手冊。

月亮落入各宮時對身體的影響

月亮停留在十二星座兩到三天的時間，引起不同的力量，在有生命的世界裡隨處可感，而且明顯作用在我們身體。描述這些力量的作用、起點與規則並不困難，不過，它們還具有一種「特色」就不是筆墨可以形容了——它有點像是影響我們心靈—精神協調的東西，有點像是像遠遠傳來的音樂和絃，如果願意傾聽，就可以聽得見。

下面將根據星座分類，說明各自的作用力與健康的關係。

各星座掌管的身體部位

星座	影響部位	系統
牡羊	頭、腦、眼睛	感覺器官

金牛	喉嚨、說話器官、牙齒、下巴、脖子、扁桃腺、耳朵	血液循環
雙子	肩膀、手臂、雙手、肺	腺體組織
巨蟹	胸部、肺、胃、肝、膽	神經系統
獅子	心臟、背部、橫隔膜、血液循環、動脈	感覺器官
處女	消化器官、神經、脾、胰腺	血液循環
天秤	臀部、腎、膀胱	腺體組織
天蠍	性器官、輸尿管	神經系統
射手	大腿、靜脈	感覺器官
魔羯	膝蓋、骨頭、關節、皮膚	血液循環
水瓶	小腿、靜脈	腺體組織
雙魚	腳、腳趾頭	神經系統

這些基本規則說明了：

■ 當月亮行至掌管某一身體部位的星座時，在那個身體部位做任何促進健康的措施，效果往往加倍。但外科手術除外。

■當月亮行至掌管某一身體部位的星座時，那個部位負擔特別大，或是比較疲累，比平常更容易受到傷害。這幾天盡可能避免實行外科手術，但緊急開刀除外。

■如果月亮越來越大，當它通過某一星座時，一切促進或增強受此星座影響之部位的器官功能，效果比起下弦月時更加卓越。如果月亮越來越小，進行器官排毒等過程，效果比上弦月時好得多。

不過，吃藥、按摩、運動、水療等方法並非都有效，完全是取決於你使用這些方法的最後目的。

牡羊座

上弦月：十月到四月

下弦月：四月到十月

特色：牡羊座的人很努力，而且想要——偶爾會沒有耐心——「拿頭穿過牆」。看不見的鎖鏈如今鏗鏗作響，耐性越來越少。一元復始，筆直的路似乎就是康莊大道。

牡羊座對身體的影響從頭部開始。特別容易偏頭痛的人，在這兩、三天的牡羊日尤其嚴重。

「我觀察到許多人，尤其是女人，在這幾天往往頭痛欲裂。而在進入牡羊日之前，她們會採取一些行動來消除頭痛。她們有種天分，能將重要的事情、家事與約會移到牡羊日前不久，然後就在牡羊日全部做完。請觀察自己的狀況，並在牡羊日盡量釋放掉壓力。」

另一個預防偏頭痛的方法是在牡羊日多喝水，避免咖啡、巧克力與糖。就像大多時候，這個建議只適用在那些已經學會傾聽身體訊號的人身上——能掌握此一語言，對於什麼東西對身體有害、什麼又有利，就相當清楚了。

市面上有數千種的藥物、茶與藥膏，而針對同一種毛病，也有數千種能幫我們解除身體不適的好建議。那沒有什麼好批評的，不過一旦我好好「傾聽」自己，只要其中一個方法——而且是對我有幫助的方法——就夠用了。任一藥物並非單純只有「壞」或「好」，什麼最有效，完全視個人狀況。不過一定要對自己有「感覺」，光聽從專家的話是不夠的。可惜的是，人們總在有了病痛之後，才努力去掌握這種感覺。「沒時間維護健康，就得花時間養病。」慢性病人因為自己的疾病，尤其更懂得不要只將自己交給「醫學之手」，讓自己被治療。認識如何對待自己的身體，換個生活方式，比起一味地對付病症更加有效。

用這種態度，可在牡羊日對付頭痛問題，比那些只懂得喝五公升水治頭痛、然後等著看有沒有用的傻瓜，更能達到功效。光喝水無濟於事。在我朋友中，這個「處方」有點用，但它仍只是個建議罷了，要能普遍使用絕對不可能。

牡羊座同時也影響著眼睛與腦。基本上，牡羊日對頭部來說，並不是什麼好或不好的日子，完全取決於做了什麼事情。若要治療眼睛發炎或是過度疲勞，千萬不要錯過牡羊日。

對眼疾有良好效用的藥用植物在這一天效力更強（例如小米草）。若要儲藏起來日後使用，請在下弦月摘採、乾燥以及儲藏。至於眼睛疲勞，用口水滋潤眼皮這個老方法挺有效的，使用時間是下弦月時的早餐前。

眼睛傷害（你自己也不清楚原因）與過度疲勞，這時候會比天秤日還要嚴重。若辦得到，今天開始就對自己的眼睛好一點吧。

特別麻煩的牡羊日是在三、四、九與十月。常常頭痛或是頭部較敏感的人，這些日子盡量保持安靜，也避免進行頭部手術。最不好的時間是十月的牡羊日，因爲剛好滿月。

金牛座

上弦月：十一月到五月

下弦月：五月到十一月

特色：「現實主義」領頭，要有物質上的安全感。較易堅持，思考與反應比較慢。固執。「阿拉伯白馬跑得比風還快，駱駝卻能日以繼夜小跑步橫越沙漠。」

隨著月亮進入金牛座，脖子受到的影響更爲強烈。還是那個觀念：好的影響更好，壞的更壞。

例如有個年輕人趁著天氣明媚溫暖，開著敞篷車兜了一星期的風。有一天，就在清朗的天空下，晚上突然覺得他的脖子有點僵硬，得纏著繃帶才能行動，動作像個老人似的。

或者你忽然咽喉痛，還發現身邊的同學、鄰居或同事也是啞著嗓子說話，脖子圍著領巾，儘管咽喉發炎或感冒不一定會傳染。但因爲金牛「抬頭了」！當然，那不表示咽喉「一定」會出毛病，這點也適用在其他星座上。不過，咽喉發炎的危險性的確比較高。

了解各種不同星座所具備的力量，對於採取預防措施很有幫助。在金牛日那天喝點治沙啞或是扁桃腺發炎的茶，就能體驗一點點茶水能發揮多大的功用。在這天服用其他治療咽喉發炎的藥物，也是特別有效。

金牛座也影響著發聲器官、下巴、牙齒、扁桃腺、甲狀腺、脖子、聲音與耳朵。不常講話的人，在金牛座這天開口可能會是個痛苦的經驗，最後或許還會弄得聲音沙啞。

在寒冷的金牛日，耳朵必須做一些保護，因爲這時它對風與聲音比較敏感。這一天，偶爾在耳朵裡滴一滴聖約翰草油，能夠預防耳朵病痛，尤其是在金牛日時收集來的聖約翰草葉製成的油更是有效。

上弦月：十二月到六月
下弦月：六月到十二月
特色：精神活躍，隨機應變，忙碌，一點微風就可以把它吹離既有路線。力量分散，深入每個枝微末節。

這幾天擦抹適當的藥膏，可以有效抑制肩部的風濕毛病，尤其是使用雙子與金牛日收集來的藥草所製成的軟膏更好。即使氣溫不太冷，衣著若太單薄，也會讓你的身體產生不舒服的感覺。

雙子日一直是照顧肩膀的好時機，局部運動可以達到驚人的作用——這對你的肩膀是個福音，但不表示因疲勞引起的肩膀痠痛容易因此消除。這也不一定是什麼壞兆頭，因爲身體也許正在努力排毒。

肺部在雙子日多少受到一點影響，即使被巨蟹座的影響更大。有意識的呼吸練習這個時候已經非常有用了。

風濕患者在雙子日若偶爾還會感到疼痛，原因常出在天氣驟變，除了原本陽光普照的天氣突然下起大雨這類明顯的天氣變化，各式各樣的改變也都會造成影響。德國南部巴伐利亞的居民對此體會最深，他們很清楚強烈焚風對健康有什麼影響。而這種溫暖、拖累血液循環的下降風世界各地都有，名字也都非常響亮，像是：西羅科風（Schirokko）、喀新風（Chamsin）、欽諾克風（Chinook）。

巨蟹座

上弦月：一月到七月

下弦月：七月到一月

特色：感受深刻，體重也不遑多讓。內心比外表更加多采多姿，不安穩。容易犧牲。生長繁茂、壯碩。

巨蟹日所主導的力量常容易讓身心陷入不安的狀態。比起其他星座，它作用在胸部的力量更強。巨蟹座同時也「掌控」著肝，只要一個晚上沒睡，隔天簡直就會垮掉，因爲肝的負擔太大。如果你的肝、膽、肺、胸比較敏感，建議利用巨蟹日好好保養。這陣子連胃也會偶爾來湊個熱鬧（如打嗝、胃灼熱），吃得清淡一點比較好。

七月到隔年一月，巨蟹日總是出現在下弦月時，另半年則在上弦月。請記得：下弦月是排泄、排毒的時機，上弦月則盡可能補充有益身體的東西。

比起冬天到夏天，下半年（夏天到冬天）進行胃與肝的清潔與排毒，效果更大。

有風濕痛的人不要在巨蟹日將被子拿到窗邊或陽台等處通風，因爲濕氣會跑進被內，導致整晚睡不安穩。

獅子座

上弦月：二月到八月

下弦月：八月到二月

特色：肌肉腫脹，有決斷力，勇氣十足。輪廓界限有點模糊，似乎容易屈服。喜歡冒險，逐漸熄滅之火。

獅子的作用力能讓血液循環「呼呼作響」，比其他的日子更爲活躍。這時候背部偶爾會痛一點，心臟也會有點不受控制。獅子日也可能出現失眠的夜晚，不過一切到了處女日又回復正常。

可能造成心臟與循環負擔的事情應盡量避免，但不包括健康者的正常身體運動。

心臟病患偶爾在巨蟹日就可感受到獅子座已經蓄勢待發，所以不要進行疲累的旅行或計畫。雖然有心臟病或血液循環不良者應該做點運動，但若不常爬山、走動的人，到達山頂往往會上氣不接下氣。所以在獅子日應該放棄這類較劇烈的活動。

雖然處女座主管消化器官，不過，若想復原和強化消化器官，這時候就可以開始了。此外，獅子日非常適合採集具有心臟與血液循環療效的藥草。

處女座

上弦月：三月到九月

下弦月：九月到三月

特色：爲達目的不擇手段。小心、步步爲營、凡事有方法，近乎死板。先試驗、後行動。

處女日的特殊力量明顯表現在消化器官，比較敏感的人這時候消化常會出問題。建議食用能促進消化的食物，不要吃太油膩、難以消化的東西。

處女日收集而來的藥草植物不只對胃有好處，對血液、神經與胰腺也不錯。尤其是這天採集的蕁麻之類的清血茶效果特佳。當月亮走到處女座而且逐漸變小時，應在九月處理完（收割之後再度長出的新鮮蕁麻）要儲藏過冬的份量。這種茶治胰線腫大格外有用。

天秤座

上弦月：四月到十月

下弦月：十月到四月

特色：很有藝術天分，但搖擺不定。感受靈敏，舉止得體，不會傷人。鐘擺一直擺盪到平衡爲止。

天秤日特別能感受到臀部、膀胱與腎臟的問題，很容易出現膀胱與腎臟發炎，要格外注意這個部位的保暖。坐在石頭或潮濕的草地上都十分不利。

下午三點到五點之間多喝水，漂淨膀胱與腎臟，是個不錯的方法。

針對臀部的局部運動在這時進行格外有效。

我常被問到從月亮變化來看，什麼時候適合進行臀部的手術。恰當的時間在下弦月。例如四月到十月的下弦月若沒有經過天秤座，這兩者就是最佳的時機。總之若要進行手術，在陰曆上就不應該出現掌管那一身體部位的相關星座。如果你只在十月到四月間有空，那麼就在下弦月時避開天秤日。

天蠍座

上弦月：五月到十一月

下弦月：十一月到五月

特色：「機會珍貴，時間如利箭。」不輕易採納別人意見。力量深沉，鑽研探究。吸引黑暗。

天蠍座對性器官的作用最爲強大。加入西洋蓍草泡半身浴可以改善一些婦女症狀。

孕婦在天蠍日要小心過度疲累，因爲這幾天很容易流產，尤其是在上弦月的時候。

輸尿管這時特別敏感，卻也能有正面的影響。足部冰冷、骨盆與腎臟部位沒有好好保暖，容易導致膀胱與腎臟發炎。有風濕痛的人，不要把被子拿到窗邊或陽台通風，因爲在天蠍日（水象星座都一樣）濕氣會留在被子裡。

天蠍日採集來的所有藥用植物的功效格外強大。若要做枕頭，請一次將五月／六月前摘採的藥草帶回家，就能享用個好幾年。只是裝填藥草時，不要選在天蠍日，水象星座由於濕氣較重，不適合進行這項工作。

在天蠍日栽種藥用植物也非常理想。

射手座

上弦月：六月到十二月

下弦月：十二月到六月

特色：未來比現在與過去重要，大比小重要，聯合比分裂重要。大方、熱情。

射手作用的範圍是臀部、骨盆、髂骨、薦椎與大腿骨。坐骨神經、靜脈與大腿在射手日特別會作怪。腰背處到大腿常容易痛，因爲射手日的天氣也容易變化，跟雙子日類似。按摩很有用，能舒緩緊繃的肌肉。平常沒什麼運動的人，若是爬座小山，不出幾個鐘頭，大腿就「有感覺」了。

在射手日不要沒有經過訓練，就過度進行長程健行。如果父母剛好在射手日第一次帶小孩大健行，甚至強迫他要走完路程，很可能因此破壞小孩對健行的興趣。

魔羯座

上弦月：七月到一月

下弦月：一月到七月

特色：空氣清新，思想清澈嚴肅，正直，不太靈活，「努力勤奮的人……」

魔羯日的時候，骨頭常不必要負擔過重，膝蓋尤其有毛病。就像射手日一樣，經過長時間的休息後，或者初學者，不要去爬行或滑雪。外科醫生與滑雪矯正科醫生非常清楚，當月亮經過魔羯座時，他們又將擴充自己的知識寶庫了，因爲有好幾起膝蓋手術等著他們。半月板損傷的足球選手絕對不可運動過度。

不管從事哪種運動，膝蓋總是容易極度疲勞。這兩、三天是預防或治療膝蓋毛病的最佳時機，也可以趁機好好照料其他部位的骨頭與關節。除此之外，魔羯日也是保養皮膚的好時間（請見第三章）。

水瓶座

上弦月：八月到二月

下弦月：二月到八月

特色：精神有點瘋狂，直覺強。崇尚自由，不自負。

水瓶座掌管小腿與踝關節。靜脈發炎在水瓶日司空見慣。現在該在小腿上擦靜脈軟膏，把腳抬高囉。

容易靜脈曲張的人，這幾天應該避免站太久，簡單散個步都可能成爲噩夢。多數計程車司機這時候生意特別好。

不要在水瓶日作靜脈曲張的手術。

雙魚座

上弦月：九月到三月

下弦月：三月到九月

特色：公益先於私利。界限模糊，愛偷窺內幕。用玫瑰色的眼鏡看世界，避免有自己的意見。

由牡羊座影響頭部開始，結束於雙魚座掌管的雙足。一旦探究作用力的循環，逐漸察覺、掌握身體的變化後，你就不需要時時戒慎恐懼。花一個月從頭到腳好好注意自己的身體，看看它需要什麼，脆弱之處在哪裡，這就夠了。

雙魚日是泡腳與處理雞眼（但不要把它挖掉）的好時機，腳上的肉贅也可以獲得不錯的治療。不過，你得注意應在下弦月時進行。上弦月時，很可能你治療完三個肉贅後，反而又長出了五個。

雙魚日還有個特色：不管這幾天吃了什麼，酒、尼古丁、咖啡、藥物等，反應都比其他日子還要強烈。其間的關聯可能在於，所有內臟器官透過筋脈連接到腳底，所以在雙魚日才如此敏感。

如何與醫生打交道

在醫學界願意再度運用大自然固定不變的循環知識之前，還有許多開拓工作待完成。這工作不著重在研究與發現，因爲這部分已經實際存在。它的重點在於克服抗拒——來自自己與環境的抗拒。這是需要勇氣與耐心的。

當然，光從體制上著手也許不太可能——例如將手術日期挪到有利的時間點。不過，針對許多情況——例如嚴重的手術，無法解釋的失敗，避免留下大傷疤等等——還是能夠毫不費力地定個良辰吉日。在這類情況下，醫生便可運用這些規則。對醫生來說，透過既有的治療病例與手術進行測試，絕對很有幫助——這是證實規則效用的最好方法之一。

一些先進的醫生與護理人員已經開始重視這項知識，並透過自己的經驗對抗各式各樣的抗力。如果有人向他們要求在特定時間檢查血液，或是將日期延後，也沒什麼好意外的。儘管這些人還不多，不過未來大有希望。

當你從自己的經驗中慢慢信任這些規則，而你的醫生對月亮週期循環卻一無所知，還在不好的時間動手術，或是使用有害的方法進行治療時，應該怎麼辦？還是那句老話——一切看你自己的感覺。

如果你覺得醫生願意傾聽你延後日期的理由，就把希波克拉底斯的話念給他聽：

「月亮行至掌管某一身體部位的星座時，不要用鐵去觸碰身體那一部位。」或者指出本書中與你情況相符的章節給他看。這類醫生通常佔了大部分，而危險也是完全有道理的。如果醫生拒絕延後日期，你也沒有理由另找醫生，就請他詳細說明不能延期的原因，然後你再作決定。就約定日期而言，「很困難」絕對是你最不能馬上接受的原因——那經常只是不願意深入研究大自然循環作用的託辭。

不過，如果你確定醫生完全無法理解你想改時間的眞正動機——很遺憾這種情況的確會發生——那麼，自己虛構一個可信的藉口也不是什麼壞想法。良心不安在此是多餘的，畢竟一切都是爲了非常有價值的財富——也就是你的健康著想。

請你記得：醫生只能幫你幫助自己。你內心深處最明白什麼對自己最好，而什麼不是。你甚至很清楚病痛的原因出在哪裡，因爲「種什麼因，得什麼果」啊。我們多數人不願意自己面對問題，或者因爲懶散，而把自身病痛的一切責任交到醫生手裡。這種態度只是對醫生提出無理的要求罷了，他根本沒辦法在短時間內眞正有效地幫助你。

第三章

月亮

家事與個人保養的好幫手

弱之勝強，柔之勝剛；
天下莫不知，莫能行。

老子

Vom richtigen Zeitpunkt
Die Anwendung des Mondkalenders im täglichen Leben

月亮循環變化，在家事與城市生活中被人遺忘，並沒有什麼好驚訝的。四十五年來，從「機會之地」（註：應指美國）吹來的風，帶著一個特殊訊息：最有價值的基本權利是自由與自我實現，而不是對自己、鄰人與大自然的責任。

西方人逐漸相信電流來自插座、腐蝕性清潔劑倒進排水孔後會自動蒸發，相信所有的生活是從電視來的，甚至以爲自己不論是在打掃、治療或是其他方面，都有權利要求快速見效。

隨著時間流逝，自然而然從「權利」中延伸出許多負擔，其中包括雙薪家庭被迫用超速見效的方法與工具兼做家事。拜廣告與心理學之賜，家事成了必要的禍害，相關產品只要承諾能幫忙減輕壓力，就能大受歡迎，完全沒考慮可能導致其他影響——不管日漸增加的用電量（佔用電量較高比例的不是工業用電，而是家庭用電），也不理會對環境造成負擔。然而，「越貴越有效，對人類與環境的毒性就越強」，這個簡單道理連小學生都懂。順著大自然的節奏，圓滿完成家事的驕傲與滿足感，如今已經不存在了。

幸運的是，此風不可長的意識逐漸抬頭。短視近利的後果，讓許多人重新審視這個「擦過就丟」的社會，最後決定再度回歸使用保護自然的方法與步驟。不過，有些人幾乎要舉白旗投降了，因為許多家事似乎得靠著強烈、有毒性的清潔劑才能有效去除。而對於這些人，只要告訴他們跟著月相行事就沒錯！

配合月亮循環，做起家事來不但更簡單舒服，還可以減少讓許多人哀聲嘆氣的家事份量。我們在後面的章節也會提到許多日常生活妙方（健康飲食、烹調、藥草療法與內在改建等等），值得一說的事情不勝枚舉，而且有些觀點還是要一再強調。

光從家務上，就可以觀察、驗證之前規則的有效性。

幾乎所有家事——大多跟清潔、去污與「沖洗」有關——在下弦月時，做起來尤其事半功倍，不需要太費力。

將家事全移到下弦月時候進行，上弦月時則什麼事都不用做，這當然是不可能的。但如果慢慢將部分工作移到這時候來做，你絕對會驚訝於只移動一小部分就能產生驚人的效果喔！

讓自己的經驗說話吧！相信你也曾有過如下經驗——就是在某些時候，不論家事多麼繁瑣，做起來總是特別得心應手；但有些時候卻怎麼做就是做不完。從這個實際經驗中可以發現，有些時候做家事（如清潔家具、地板、衣服、窗戶）就是進展得比較快、比較簡單，不費吹灰之力就能完成；但有時卻像鬼打牆似的，進行得很不順暢，而你也說不出其中理由何在。

這規則對洗衣服尤其有效，前提是不可以加入腐蝕性清潔劑，或誇大的化學替代品，也不可以加倍使用清潔劑，否則你將無法深刻體會下面的變化。

月亮循環的作用很微妙，它的力量早已存在，可以長期好好使用。只要你驗證過這循環規則一次，就能從耗時曠日的工作中，獲得許多樂趣與進步，並將發現在某些日子裡，很多工作幾乎能輕鬆完成。

例如在下弦月時，就能比上弦月更快去除髒污——但先決條件是，一開始就不可考慮廠商建議的清潔劑用量，也放棄使用較具腐蝕性的洗衣劑。若是在水日（雙魚、巨蟹、天蠍），洗衣效果更好，而且還能因此保護環境——因爲在下弦月時，髒水很容易被分解。

「我會在下弦月時清洗大部分的衣物，而洗衣劑只用建議量的四分之一就夠了。就算洗衣機出現鈣化，對我也不是問題。只要發現濾網上有點石灰質，在水裡加入一點醋即可。我覺得自己每天都爲環保盡了一份心力。」

來做個簡單的實驗吧。

在洗臉盆中裝滿水，於下弦月時放進一件髒得要命的衣物，再加入洗衣劑或鈣皂。上弦月時，你也依據同樣的條件重複一次流程，然後兩相比較，結果絕對讓你大呼意外——上弦月時，鹼液始終清澈，衣物依然骯髒；反觀下弦月時，髒污很快就被溶解，從鹼液就看得出來髒污跑哪裡去了。或許你還能發現：即使洗衣程序都一樣，有時候衣服的味道聞起來就是特別新鮮透氣。

不管家事易如反掌或困難無比，也不管空間或衣物是否乾淨得令人滿意，這都跟工作的時間點有關。因此，做家事的簡單祕訣就是：**下弦月時，一切會進行得比較順利。**

接下來，將一連串介紹解決家事的特殊技巧。如果某一說明中還特別提到星座的話，不表示只在這些日子才值得做那件事，而是指在這時候**效果尤其驚人**。

洗滌、打掃與清潔

◎洗滌日

若要讓孩子眾多的大家庭將洗衣服這事移到下弦月才做，簡直是天方夜譚。不過，至少可將重點工作移到下弦月時進行。調整的結果如何，它會自己告訴你。不但如此，還會喚起你之後改變工作流程的靈感。

良辰吉日：下弦月時洗衣服會特別乾淨，尤其是水日（最好是雙魚，但巨蟹與天蠍也可以）。

上弦月時容易出現很多泡沫，而頑強的污垢仍然留在衣服上。

根據這個循環節奏——在下弦月時清洗大部分衣物——可以省下很多洗衣粉，不傷衣物，而且很容易就能去除不易清洗的頑強污垢。

至於對抗油污（尤其是車用潤滑油與腳踏車油漬）的技巧在於：在下弦月的水日，用乳脂摩擦髒污，之後用「一般的」方法清洗即可。

有環保意識的人，常有以天然方式清洗髒污，但就是弄不掉的經驗。一旦因重視月相變化而獲得不錯的成果之後，這些「環保戰士」一定會非常開心。

◎乾洗

羊毛、皮革、絨毛與絲綢等珍貴、敏感的衣料，應該在下弦月時乾洗才不傷組織，且衣物耐穿、不會褪色。如果可以，盡量避免在魔羯日進行乾洗，因爲會在衣物上造成可怕的「光澤」。

要收進衣櫥裡半年或更久時間的衣物，更應該在下弦月時洗滌或清潔。

◎清潔木頭地板

上弦月只要稍微打掃，或者在風日時用水擦一下即可，下弦月時再徹底潔淨地板。如果你在上弦月的水日用水擦拭，濕氣會滲入縫裡，久而久之木材容易變形，甚至發霉。

◎窗戶與玻璃

通常用酒精擦拭窗戶就可達到清潔效果。不過，如果你選在下弦月的風日或暖日擦玻璃，水中加入一點酒精便已足夠讓你有個「純淨的視野」；具腐蝕性及高效清潔劑在此完全派不上用場。

若要擦拭被菸薰黑的電腦與電視螢幕，更應該遵照這個建議。此外，在水日清潔髒得要命的電視框更爲有效，你也會發現等待這樣的日子是值得的。

◎瓷器

一直以來，對中國人這個茶的「發明者」來說，不要去掉茶壺上那層污漬是理所當然的事（反正大部分茶壺都是黑鐵做的）。中國人甚至認爲茶的「靈魂」就住在那上頭，能賦予茶杯裡的劣質飲料之所以爲茶的東西。所以懂茶的人，從來不會想要將那一層污漬清洗乾淨。

但是對西方人而言，將有污漬的瓷器茶壺端上桌，顯得非常不美觀；唇印與咖啡漬當然也是這頑強污垢的一部分，尤其是用力刷洗之後，在珍貴材質上留下的刮痕，或是將顏色也給「洗掉」時，這些污漬更讓人氣惱。下面有個可以幫助你去除這個煩惱的建議：

良辰吉日：下弦月時，拿條濕抹布，上面撒點鹽，再擦拭骯髒的瓷器表面。

下弦月時，幾乎只要使用一點家中常用物品，就可以產生預期的結果；而在上弦月時，就算拿硬刷子用力刷也弄不乾淨，還會刮壞瓷器表面。

各位，試驗比研究更重要喔！

◎金屬

金屬在很多方面跟瓷器清潔有異曲同工之妙——有些日子使用亮光劑，只能在閃亮的表面刮出「圖案」；其他時候卻只要在上面吹口氣、擦一擦，就恢復潔淨表面了。注意時間要選在下弦月，使用少量不具腐蝕性的清潔劑即可。

黃銅：下弦月時，將同樣份量的麵粉與鹽加上醋調成乳狀，塗在黃銅上。等一會兒，讓它滲透進去後，再洗乾淨、擦乾。

銀器：下弦月時的風日，用稀釋過的銨水清潔，再塗上白堊擦亮。

銅器：同樣在下弦月進行清潔工作，熱醋加些鹽攪拌，用來擦拭銅器，之後再好好擦乾。

◎鞋子

下弦月時清潔鞋子，更能乾淨持久，而且皮革不容易損壞。只在下弦月的日子清潔鞋子當然是不可能的，不過，這時候的確更容易去除頑強的髒污。尤其春天要收放冬季長靴，更應該事先在下弦月時清潔上油。

◎黴菌

現在的窗戶常常做得很緊密，牆壁的防熱功能又不好，因而衍生出一個缺點：壁面（尤其是牆角的冷橋）在空氣潮濕時，容易成爲黴菌的溫床。下弦月比上弦月的日子更容易克服這個問題，效果較爲持久，而且使用溫和的清洗劑（例如醋水）加上刷子，就足以達到清潔目的了。

◎大掃除

春天是滋養某種芽孢桿菌最好的時節，絕對有必要進行大掃除！倉庫、食物櫃、地下室與車庫，全都等著被徹徹底底打掃乾淨、通風與清洗。大自然安排了春天這個季節，就是做這些事情的最佳時機（不過，一年之中還有具有同樣價值的其他選擇）。

良辰吉日：請在下弦月的風日打掃、通風與清潔。因為風日之後接著就是水日，做完「較通風」的工作之後，就可以在水日進行去除頑強污垢與徹底清洗的工作。

水瓶座（風象星座）春天時總是落在下弦月。這幾天是開始打掃的理想日子，因爲緊接在水瓶之後就是雙魚座，非常適合做徹底的清洗工作。

從通風到家族出遊

◎通風良好最正確

房間：或許大家認爲比起家中污濁的空氣，外面的空氣品質更加堪憂，因此經常緊閉窗戶，極少開窗通風，尤其在冬天時節。這種想法也無可厚非，但實際情況是：現在已經出現「家庭疾病症候群」（House Sickness Syndrome）這種病症，罪魁禍首全得歸咎於現代建材、木材防護劑、運轉功能不佳的空氣調節器。所以定期通風絕對有其必要，即使偶爾一次，總比完全不通風好。

良辰吉日：風日與暖日時大量通風，土日與水日稍微通風一下即可。

棉被：讓棉被通風一下似乎是種老舊的行爲，尤其都市中更是少見窗邊或陽台上，冒出五顏六色的羽絨被。之所以如此，或許是大家不希望自家的灰塵掉到樓下鄰居家去，或者怕棉被收進屋子後，反而比之前拿出去時還要潮濕，這對風濕症患者不啻是一種毒藥。

因此，在正確時間讓棉被通風很重要，這樣棉被才會清新好聞，能讓身體呼吸，同時也可以對抗以皮屑維生的家中塵蟎。

良辰吉日：在下弦月的風象星座與火象星座時大量通風。上弦月時，只要稍微通風一下即可，以免棉被裡積蓄太多濕氣。盡量避免烈日照射，容易傷害羽毛。五、六、七、八月，通風時間可以長一點。

要注意的是，「讓棉被通風」並非每天整理棉被時抖一抖、透透氣，而是要拿到窗邊或陽台上去才行。

床墊：德國的床墊平均使用壽命都很長（十年或更久）。如果是這種情形，至少要定期清潔，尤其是讓它通風一下，去除因爲濕暖氣候而蔓生的塵蟎。

良辰吉日：床墊應在下弦月時清潔通風，最好是在風日或暖日，以防害蟲以及濕氣（這點對風濕患者與過敏者很重要）。嚴禁在上弦月的水日通風！否則床墊會吸入水氣，對風濕患者大大不利。土日也不是特別理想的時間。

◎夏季與冬季衣物收藏妙方

雖然現在已經不使用防蛀丸了，但不信任無味有毒的防蛀紙等產品的，仍大有人在。對於這些人，有個經過證實的妙方可以參考：

良辰吉日：在春天或是秋天的風日，將夏季與冬季衣服收進衣櫃，請記得選在下弦月時。若能照著做，防蛀用品就派不上用場了。

另一個選擇可以考慮上升月。若是在土日收藏衣服，幾個月後會傳出「澀澀的」味道，甚至有點腐敗。水日的話，則容易潮濕。

◎保存、裝罐與儲藏

自己動手做果醬、罐裝蔬菜與水果，在現代已蔚爲一種風潮。關於要怎樣才能收成良好，以及儲藏與保存的規則，我們在第四章會有更詳細的介紹。

一般來說，將果醬與果汁煮濃裝罐的有利時機是在上升月。這樣一來，水果會更多汁，香味持久，可以保存更久，所以你不需要人工的膠凝劑（這點也適用其他食物的蒸煮與裝罐上）。你可以自己做個實驗：一次用平常的老方法，另一次在恰當的正確時間用較少的——大概少一半份量——製作果醬專用糖（或蘋果）。

保存的有利時間點是在上升月時（射手到雙子）。蒸煮、裝罐與儲放比較不受月相的影響，反而大多取決於月亮當時經過什麼星座。

最好在牡羊日（果實日）收成果實、蒸煮裝罐；根類蔬菜則以魔羯日與金牛日（根日）為佳。

冷藏蔬果，果實日優於水日。之後拿出來食用，風味更佳，不會水水的或是變質。

下弦月時（風日與火日）清潔收放水果罐的架子，才能保持乾燥，以防腐氣沖天。

◎作畫與粉刷

許多毒性強且昂貴的顏料與油漆，可以替換成溫和的石灰色料與天然製造的油漆，否則它們很容易就席捲大自然循環的微妙作用。

這方面要求助於大自然容易多了，選在正確的時間使用無毒顏料即可，顏料的效果與持久性絕對不是快速見效的有毒液體可以相比擬。這規則也適用在粉刷室內牆壁時。

良辰吉日：不管是作畫還是粉刷，最佳時間都在下弦月，顏料與底色乾燥情形良好，形成漂亮的表面。顏料與底色也能調和，畫筆順暢滑動。石灰可讓底色呼吸。

水日較不適合作畫，因為顏料不容易乾。獅子日也不是好日子，因為乾得太快，顏料有時候會裂開。

◎秋季除濕與保暖

秋天時要找一天來加熱牆壁，因爲太陽的力量已經進不來了。想要快速有效讓房子溫暖起來的話，就應注意下列規則：

秋天第一次加溫時，應該選在下弦月的暖日（牡羊、獅子、射手）進行。

尤其是**新落成的建築**，第一次溫熱屋子無論如何都應嚴守上述規則，才能驅除牆壁的濕氣。（註：歐洲國家住宅都設有暖氣，這裡應是指用暖氣來驅除屋子濕氣。）

◎冬季鑲窗

許多時髦的露營車、老建築，或者是鄉村房舍，常附設可以拆卸的雙重窗戶，夏天時可以放在儲藏室裡頭，秋天再裝上去，發揮它熱防護的功能。

裝設窗戶的時間，對於窗戶容不容易結水珠或是蒙上一層霧氣，具有決定性的影響。若不想玻璃上有水氣，希望擁有一望無際的視野，那麼——

良辰吉日：選在上升月的風日（水瓶、雙子）裝上冬季窗戶或是外窗。這樣一來，所有你不希望出現的副作用將消失無蹤。這規則對「生態」建築師也很有利，因爲裝窗日期對新建築也很有用處。

◎室內盆栽的照料

關於如何照顧我們這些翠綠、五彩繽紛的同胞，在第四章還會有詳細的說明。這裡先強調一下最重要的注意事項：

良辰吉日：移盆或新栽陽台與室內盆栽，最好挑選處女日進行。這樣一來，根部很快就能生長良好。

可以的話，在葉日（巨蟹、天蠍、雙魚）澆水，而且最好使用雨水或放置了好一段時間的水。將室內植物拿到戶外任憑雨淋，有時候反而會造成損害，因為水分沒辦法直接被葉子吸引。

施肥的時間只有下弦月才適合，尤以葉日尤佳。在這期間，針對根部生長不佳的植物，可以選在根日施肥；同樣的，該開花的植物卻色彩慘澹，就在花日施肥。

以上觀念也適用於一切除蟲規則（請見第四章）。請記得，切勿在花日澆水，以免引來更多害蟲。爲了除蟲目的而移植的植物，只能在其根部澆水，但千萬不要在金牛、葉日或花日進行！

◎天氣品質與出遊

誰不喜歡偶爾一個人、或者跟家人朋友到郊外走走？

如果你已經發現，同樣的溫度下，外出郊遊的日子「感覺起來」卻不一樣？雲層密布的日子裡，卻忍不住戴上太陽眼鏡；有時候很想坐在草地上，有時候野餐時卻怎麼樣也不肯從野餐椅上下來，因爲地上濕冷，讓人不舒服？

「我想起一個經常發生在我青春時期的例子。在很久以前的夏季裡，我騎著第一輛腳踏車四處兜風。當時我拿零用錢買了一個塑膠水壺，固定在腳踏車架上，渴了就可以拿起來喝。我和朋友經常一騎就是好幾個小時。壺裡水的多寡總是讓我非常驚訝——有時才一個小時，壺裡的水就乾得差不多；但在同樣的溫度條件下，有時候我傍晚回到家，卻發現壺裡的水還有一半。」

謎底就在那四個「日特質」——尤其是受到主管星座影響的日子特性。

當月亮走到牡羊、獅子與射手時，就是所謂的暖日。這幾天大部分是美好的郊遊日子，即使雲層密布，也仍然相當溫暖。暖日裡天氣乾燥，尤其是獅子日，甚至很容易感到口渴。獅子日比較可能出現暴風雨。暴風雨往往緊接著高溫期而來，影響嚴重，可能還會帶來冰雹與淹水災情（因爲土地無法吸收太多水分）。

光日與風日是指月亮位於雙子座、天秤座與水瓶座時。大地與植物這時比平常吸收較多的光線，對人類來說，這幾天是很舒服的日子。不過，開車的人有時反而會不舒服，即使天空雲層迭疊，還是得戴上太陽眼鏡，因爲光線讓人覺得「刺眼」。

例如網球選手在光日若是迎著太陽比賽，即使沒什麼陽光，也還是會覺得不舒服。

冷日與土日爲金牛、處女與魔羯座時。即使溫度計上測出的溫度不低，仍應帶著比較保暖的衣物或毯子出門，以防太陽躲在雲後時發生的氣溫改變。地上摸起來會比較冷，有時候只要有片卷毛雲遮住太陽，很可能就會讓人打哆嗦。這幾天，很多人或許會帶著半打酒回家，以驅驅寒氣。

水日，也就是巨蟹、天蠍與雙魚座時。水日時大地不完全乾燥，降雨機率較高。

出門時最好不要忘記雨衣或雨傘，如果你計畫找個地方野餐或是做日光浴，別忘了帶條毯子。還有個小技巧是：如果想要預防天氣驟變或氣溫變化，就特別注意一下新月、滿月、雙子日與射手日。

個人保養小祕方

月亮循環的知識，即使用在身體保養方面也非常有效。不過，要注意的是，皮膚、頭髮與指甲的狀況，幾乎就是全身健康狀態的徵兆。若沒有「內在的美麗」，尤其是沒有健康的飲食，身體保養常只能算是「化妝」——遮掩了蒼白、油膩與不潔皮膚，甚至是指甲脆弱的背後原因。

在第二章已經提過許多健康生活的方法與技巧，若也能從內在保養著手，將讓皮膚更健康，頭髮更有彈性，往往還能省下所費不貲的化妝品費用。

◎皮膚保養

這裡要談的，不是每日清洗與塗抹乳霜之類的皮膚保養，而是如何處理問題皮膚，例如特殊面膜的使用或敷臉。效果最好的時間在下弦月時，尤其是「整修」凹洞、丘疹等相關問題，因爲在這時候處理絕對不會留下疤痕。如果皮膚科醫生可以將治療日期定在下弦月，將能去除許多的皮膚問題。

不過，若是要塗抹緊膚霜或增加保水性等滋養皮膚的工作，時間就應選在上弦月才行。

若你也想加入星座因素一起考慮的話，就不要錯過魔羯日，這時最適合處理各類皮膚問題。

◎頭髮保養

若能在恰當的時間保養頭髮，就不需要生髮劑與治頭皮屑藥劑了。以前的人對於髮型師總在某些特定日子關門休息，並不會感到驚訝，因爲那幾天不知怎地，美容院總是門可羅雀。另一方面，獅子日若剛好是星期天，許多人做完禮拜之後，便常會去髮型店修整門面。

「以前在我的家鄉蒂羅爾，禿頭的人並不常見。也許是因爲他們小時候第一次剪髮時，特別選在獅子日的緣故。」

良辰吉日：不管是在上弦月或下弦月，獅子日與處女日都是剪頭髮的好時機！雙魚日與巨蟹日絕對不要剪頭髮。

你若因為掉髮、頭髮太稀疏，或是太油膩等問題，不滿意自己的頭髮，以下有些「療法」可供參考：

■二月到八月之間，請選在獅子日修剪頭髮。這時候的獅子日總落在上弦月，更能加強效果。獅子日的特性尤其能影響男性賀爾蒙，這或許是在獅子日修剪頭髮之所以特別「多毛」的原因，也就是說，這時的頭髮會更為茂密有彈性。

■這段時間內，每星期洗完頭後，拿一、兩顆蛋（蛋黃與蛋白都要）按摩頭髮一到兩次。然後等一會兒，讓作用發酵，再用溫水洗淨。

■重要的是，最後一次要用冷水沖洗。溫度很重要，頭上的水摸起來應該是冷的。不管頭髮是否健康有彈性，都應該要遵守這個建議。

■這段時間內不要吹頭髮。若真的需要，洗完頭後，先等個十五分鐘後再吹。千萬不要「逆著毛髮生長的方向」吹頭髮，溫度也不要太高，否則長久下來會傷害髮質。

只選在獅子日剪頭髮無法保證一定能夠治療掉髮，因爲頭髮常因藥物作用、體內賀爾蒙失調，以及伴隨而來的精神問題而掉落。懷孕或季節變換時，掉髮問題尤其嚴重，不過很快就會恢復。

在**處女日**剪頭髮，髮型可以維持較久、較美，而且更適合燙髮。如果是選在獅子日燙髮，頭髮則會變得很捲。

雙魚日剪頭髮容易形成頭皮屑；巨蟹日的話，頭髮就不易服貼，容易亂翹。

如果可以，最好也不要在這兩天洗頭。許多人，尤其是年輕人幾乎每天洗頭，不過那是年輕時因爲體力好，忍受力較強，問題不大。希望你日後能夠聽從這個勸告。

如果因爲某種原因想剔除體毛，就選在下弦月的時間，尤其不要錯過下弦月時的**魔羯座**（只有在前半年）。這樣一來，毛髮才不會很快又長出來。不過，千萬不要在這時候拔掉眉毛。

「你記得六月十八日這個古老法則嗎？在那天早上拔掉的雜草，就不會再長出來。我年少時有一次就想，這個規則或許對眉毛也同樣有效，於是就在某個六月十八日把眉毛拔得細細長長的，因爲那是當時流行的眉型。這個規則眞是無懈可擊，可惜細長眉如今已經落伍了。不過，這個規則不是很容易就能全部轉用到身體毛髮上，總是有例外，不是每個六月十八日都能產生同樣的效果。」

◎指甲保養

良辰吉日：修剪手指甲、腳趾甲等指甲保養的最佳時間是魔羯日。

在魔羯日修剪指甲，指甲將不易折斷，抵抗力強。如果只是治標不治本，使用指甲修護劑也沒有用。

當然，一個月內沒辦法只在這兩、三天內保養指甲，所以這規則僅供大家參考。總之，不要錯過魔羯日就沒錯。

「有個小技巧說出來，或許你會覺得好笑——在星期五太陽下山後剪指甲就不會有任何問題，指甲也能保持堅固。教導我這門月相知識的祖父，非常相信這個規則。因爲除了指甲之外，他自己也因此不再牙痛。一直到他八十九歲去世，從沒有出現牙齒方面的毛病。我自己也遵守這個規則，可以證實這之間的關聯性。」

嵌入肉裡的腳趾甲不要在下弦月的時候矯正或是剪掉，否則指甲又會容易亂長。但是甲床矯正例外，這項手術最好在下弦月施行（尤其是雙魚日），治療富貴手與香港腳也格外有效。同樣的規則也適用於肉贅。

足部是非常重要、敏感的身體器官，只可惜很多人對待它的態度如晚娘一般。足部一旦生病，人就生病。每個身體部位都反映在足部反射區，因此可以透過足部反射區按摩來影響身體。若要刺激這個部位，紓解一些身體壓力或是排毒，下弦月時較爲有利。不過，如果要再生或是強化身體功能，時間就應挑在上弦月時。

◎按摩

功效良好的按摩不僅能讓你覺得舒服，還能加強預防各類疾病。按摩可解除心臟痙攣、穩固循環作用、刺激器官活動，對有血壓問題的人更是大有幫助。

如果已經疾病纏身，淋巴導流按摩法之類的特殊按摩，特別能增進療效。不過，必須找有經驗的物理治療師幫你進行這項療程。

下弦月適合放鬆、解除痙攣與排毒等類的按摩。

如果按摩的目的是為了促進再生、強化等功用，若能輔以相關精油，上弦月比較能達到效果。

發炎、受傷、淋巴導流之類的按摩，不能、也不應該執著在所謂「正確的」時間，否則，若想根據月相來進行有效按摩，反而可能容易造成更大的傷害。因此，這項規則適用在健康的人身上。

我哥哥喬治．科勒（Georg Koller）在奧斯納布呂（Osnabrück）從事物理治療，他同時也很熟悉月相法則。跟他談話後，我很清楚特殊按摩與其使用法的驚人成效。身爲物理治療師與按摩師，他總是嘗試結合恰當的正確時間，來進行困難疾病的治療。

第四章

月相對園藝及自然的影響

人之生也柔弱，其死也堅強。
萬物草木之生也柔脆，其死也枯槁。
故堅強者死之徒，柔弱者生之徒。
是以兵強則不勝，木強則兵。
強大處下，柔弱處上。

老子

園藝、農業之所以重新重視月亮循環變化，以及黃道帶上的月亮位置，有許多理由可以說明。其中最基本的，當屬放棄過度使用化學農藥、殺蟲劑與肥料，找回大自然裡的自然與動態平衡。由於人類無法毫無節制地剝削大自然，未來的園藝與農業除此之外，將無其他選擇。既然如此，爲什麼不從現在就開始呢？

「不久前，我從漢堡飛到慕尼黑，天高雲清。我坐在窗邊，無法將視線從下方十公里的地表上移開。我覺得那兒沒有一小塊地方是不被利用、開墾、耕種，或是被街道貫穿的。每當我看見綿延相連的廣袤林地，其間一定矗立著黃鐵礦場或是其他建築。我不禁想著：如果人類能再度學會與大自然好好相處，那麼眼前的風光，將帶給我美好的感受。若能如此，該有多好！」

一顆沒被噴灑農藥、順著自然節奏生長的蘋果，在現代農業展覽場上或許沒有什麼價值，因爲它的外表並不會太漂亮。但是就各方面來說，「外觀」不過是流行品味的問題，而且只是短暫的時代現象。有句古老諺語說：「因爲不喜歡盛著食物的盤子顏色，許多人寧願忍飢挨餓。」野生的蘋果或許沒那麼「美麗」，但是它蘊含的生命與力量，卻比生長在「揠苗助長」大農場裡的蘋果多上百倍。

在我們這個時代，「健康」往往等同於「消毒、無菌」。我們免疫系統該做的工作被拿走，接受磨練的機會也被剝奪，要它如何擁有抵抗力？這道理同樣也適用在植物（蔬菜、穀物、果實）上頭，而我們還希望利用這些植物增進健康。

面對今日許多消化問題與伴隨而來的疾病，我們可以回溯到所謂的「健康」食物與內在已死的食品。無菌食物就是經過殺菌、沒有成長力的食物。對有些疾病來說，這種食物很好；但對健康的人來說，卻爲疾病鋪了一條大道。

人類耗費鉅資研究基因科技，改變植物，迫使它們根據人類的意願生長，對大自然的整體循環種下難以估量的結果。但實際上，只要選擇栽種、照顧與收成的正確時間點，就可以達到我們期望的目的。

這情況讓人想起世紀交替之際，那些營養學家的「好意圖」：他們發現食物中有些特定物質進入人體後，並未被吸收，就這樣被排出體外。營養學家由此斷定「它們是多餘的」，還稱這些物質爲「包袱」，將它們從食物中分離出來，再把食物做成「速食包」。結果如何，大家應該都知道了。

〈送信鸚鵡〉

有個人將信鴿與鸚鵡配種，希望牠們生下的後代能夠開口報告消息，不需要腳上再綁著紙送信。

可是這個實驗生下的鳥，飛行一趟卻需要好幾個小時，而不是平常的幾分鐘而已。

「什麼事情讓你耽擱了？」這個人問。

「吶，天氣這麼好，」鳥說，「我就下來散個步嘛。」

現代科技讓我們相信透過它們的幫助，可以解決所有問題，其中也包含沒有它們就不會出現的問題。雖然科技帶來相當可觀的結果：產量增高、害蟲不見了，無限的機會彷彿就此展開，但現代人卻逐漸認清剝削並非最終的生活智慧。

本書主要的貢獻就在於，讓這類生活智慧與理性再度回到個人居家的庭院、農業與大自然。

在此不是要責怪化學、食品工業或化學藥劑，畢竟這些工業技術也滿足我們生活中的許多目標。一個人是否要信任化學，使用相關產品，由他自己決定。但「單獨的個人能完成什麼事？」這句話只是無能與放棄的藉口，只要立意良善，就算沒有拋頭露面、沒有人認識，一個人還是可以用靈感、力量與努力活下去的勇氣，照顧整個環境。

如果你是那種不想毒化自家水果、蔬菜與穀物的人，接下來的建議將能讓你很容易戒掉化學藥劑的使用。在從事園藝與農業工作時不使用毒物，不理會「基因」控制的謬論，不管產量高或持平，還是稍微減少，收成的果實品質只可能更好，這點很多人都知道，其中包括農業相關人士。

許多證據顯示，內部蘊含太陽能量的果實、讓人嚐起來有天地調和感的穀物、將和諧之氣帶入人體的蔬菜，以及數百年來願意把這些禮物送給我們的大地，統統不需要施肥與毒劑。

或許你個人的經驗在此也可派上用場。從事園藝或在大自然裡工作的人，都曾經歷過一些事情，這些事情必須深入觀察，才會發現它們實際上是無法解釋的——在不同時間、但條件相同之下，播種、栽培、灌溉、移植、施肥、收成與儲藏，會產生截然不同的成果。例如有時候萵苣長得不錯，有時候卻蔓生、開花結果，無法食用。或者某人採收了優質的塊莖作物，而他的鄰居也用一樣的種子，在同樣的氣候條件與土地上耕種，收成卻讓人不滿意。要不然就是自己的作物受到害蟲侵襲，隔壁鄰居卻完全不受干擾。甚至田地邊緣一小塊地方上的穀物，就是長得比田地中其他的穀物好。有時候馬鈴薯的地上部位生長茂盛，果實卻小而貧瘠；或是葉子生長不良，土裡的馬鈴薯卻長得又大又好。儘管在同樣的條件下煮好裝瓶，有些櫻桃果醬就是可以放上好幾年，有些狀況不錯的果醬卻一下子就發霉了。

我們為了要讓無法解釋的事情變得容易理解與接受，總是將責任歸咎於天氣、種子或土地品質上。將許多狀況歸咎於此或許有道理，但是，更多問題卻出在沒有在恰當的正確時間內完成工作。

或許你已經注意到，甘藍菜畦上要不是都蔓生亂長，就是都結球成熟。你不會在同一塊菜畦上同時發現兩種情況。但可以確定的是，那跟種子一點關係都沒有。

如果就這麼簡單停止噴藥、施肥，根據月亮循環來做事，絕對不會馬上帶來期望的結果。因為土地已經被慣壞，需要時間讓土地休養回復。不過，你還是可以安心行動——這項數千年前人類傳承下來的知識，經過驗證、使用，絕對不會讓你失望。這裡面沒有一項是「新的」。科技的進步誘使我們以為自己負擔得起風險，可讓這門珍貴知識退居次要地位，或者將它完全遺忘。你只需要勇氣，而它也不花費你一分一毫。播種、栽種與收成時，若能留意星座與月亮位置，各方面的成果將讓你驚喜連連。

如果天候狀況或時程安排打亂了你的計畫，讓你無法兼顧「良辰吉日」，也不用感到沮喪，因爲每項園藝與田地工作的時間不是只有一種選擇——有很好的時機或絕佳時間點可供挑選。不過，千萬要注意避開不利的時間點。

在這裡我們無法討論每一種植物與其特色，我們的目的也不在此。但這些規則很容易就能類推到其他園藝與田地工作上。

「我爲什麼要將這門知識寫下來的理由其實很簡單。如果你有興趣，應該學習一門終身受用的知識，內化成自己的一部分，不需要老是再去查資料。就算你不像我是跟著這門知識一起成長，現在還是有機會開始累積自己的經驗，這比書中給你幾百、幾千條例子還有用。而且經過多次實驗之後，你很快會發現一切竟是那麼簡單。

或許我個人的觀點能幫助你了解爲什麼要改變舊有想法，並發現它的優點究竟是什麼。在慕尼黑時，我也曾經盡情享受生活，一下子就忘記自己對自然之物應負的責任，反正『一切』都買得到。跟收入相較之下，物價對我來說簡直是九牛一毛，而且很容易就覺得不值得去從事身體勞動、親自種菜之類的事務，畢竟蔬果非常『便宜』。

可是，當我在外生活很長一段時間，回到家食用自家栽種的萵苣後，終於發現美味可口的差別在哪裡。但這當時還不足以讓我回歸自然，我得生了病，才會試著改變。我學習重拾對自己身體的責任，盡量只吃以健康方式栽培的蔬菜。我的身體循環再度運作，那幾年非理性的思考模式，就當成是一種學習過程。所以說，一切都需要經驗與啓蒙。對一個住在都市裡頭的居民來說，要透過觀察來確認『暫時的結論並非眞正的成果』並非難事。我們必須學習擔起責任，不要盡是貪求舒適。」

下表再度歸納星座之於園藝工作、農業與大自然的重要作用力——包括作用在不同植物部位的影響、日特質，以及星座中的上升力與下降力。

星座作用力的特質

星座	符號	植物部位	元素	日特質	上升力／下降力
牡羊座	♈	果實	火	暖日	)
金牛座	♉	根	土	冷日	)
雙子座	♊	花	風	風日／光日	(

巨蟹座	♋	葉	水	水日	◠
獅子座	♌	果實	火	暖日	◠
處女座	♍	根	土	冷日	◠
天秤座	♎	花	風	風日／光日	◠
天蠍座	♏	葉	水	水日	◠
射手座	♐	果實	火	暖日	◡
魔羯座	♑	根	土	冷日	◡
水瓶座	♒	花	風	風日／光日	◡
雙魚座	♓	葉	水	水日	◡

◡上升月　◠下降月

每個星座分別作用在不同的植物部位──根、花、葉、果實。藉由上面的圖表與隨書所附的月相星座表，你將能確實了解下述章節的重點，以及園藝工作如何搭配循環變化。從事園藝與農務時，只要注意一下有利的時間點與良辰吉日，就能去除許多負面的影響，而成功將成爲你喜悅的泉源。

播種與栽培

園藝與田裡的工作大都從春天的鬆土揭開序幕，接著是播種與栽培。動手鬆土的時機正確與否，對於植物的生長與成熟過程，以及對雜草與害蟲的抵抗力，影響相當大。

我們在第二章已經討論過上弦月、下弦月、新月、滿月，以及黃道帶中的月亮位置等所產生的作用力，對於人體與健康的影響。除了這些作用力之外，就植物而言，**上升月與下降月的力量也不容忽視，同樣可資利用。**例如無法在良辰吉日從事某些園藝與農務時，就可以選擇這兩個時段。

上升月與下降月只是說明月亮在黃道帶中的位置，與月相沒有關係。播種、栽培許多植物的一個重要時機，大約是在那十三天的下降月，也就是**雙子、巨蟹、獅子、處女、天秤與天蠍**，也許還包括射手。上升月則是：**射手、魔羯、水瓶、雙魚、牡羊、金牛**，偶爾再加入**雙子**。

雙子與射手爲交接點，上升力與下降力在這兩個星座交會之後，便往相反的方向前進，就像滿月與新月時的作用力一樣。因此沒辦法將雙子與射手準確歸類在下降月或是上升月。

接下來會常常提到下降月，千萬不要把它跟下弦月混爲一談。不過，當你查詢附錄的月相星座表時，你會發現，這兩股循環變化其實交疊在一起，相互影響。

◎順應月相

人體在下弦月時傾向付出、消耗能量、活動；上弦月時，則是吸氣、計畫、保重、聚積力量。但大地的節奏卻與此相反：

下弦月時，汁液通常是往根部走，土地較有容納力，它吸氣；上弦月則相反，大地吐氣，汁液上升，有利地面上植物部位的生長。

這種「對流」循環是許多園藝工作與農務的基礎規則。不過，在我們進入播種與栽培的規則之前，先來談談栽種工作的必要條件，也就是春季時的鬆土。

春天鬆土時，記得要翻鬆三遍。第一遍選在上弦月的獅子座，接著是下弦月的魔羯座，最後一遍還是在下弦月，至於日期就沒有那麼重要了。

春天的獅子座總是很恰當地出現在上弦月，魔羯座則是在下弦月。這個規則爲什麼配合得這麼好，稍後會再說明，現在只要了解：在上弦月的獅子座那幾天除草與鬆土，會促進土裡的雜草種子快速生長發芽；而在魔羯座時的第二次鬆土，則是清除掉雜草。如此一來，雜草幾乎不會再生長，因爲土裡已經沒有種子了。如果你能遵照以上規則鬆土，就創造了獲利的最佳條件。

播種與栽培的基本規則：

生長在地面上的植物與蔬果，應在上弦月的時候播種，如果無法配合這個時間，就選在下降月。

生長於地下的蔬菜，若在下弦月播種栽培，生長狀況會很好。假使時間不允許，也可以選擇下降月的時候進行。

從附錄的月相星座表上，不但能輕易找出月相規則，同時還可參考星座的運行。

◎選擇星座

選擇星座主要取決於你希望哪個植物部位的生長情形最好。

■例如番茄屬於果實，而不是葉、根或花。因此播種或栽培番茄時，就選在某一果實日，也就是牡羊、獅子與射手。

■葉類蔬菜（如菠菜、蔥等）最好是在葉日時播種、栽培——巨蟹、天蠍與雙魚。不過萵苣的栽種時間，還要特別再加上一個下弦月。

■同樣的規則也適用根莖植物，例如芹菜、胡蘿蔔、洋蔥與白蘿蔔。但這時候若植物花朵盛開，或枝葉繁茂多汁就沒有任何價值。播種的時間請選擇處女、魔羯與金牛。但馬鈴薯例外：雖然下弦月是播種馬鈴薯的良辰吉日，但切忌不可太接近新月，而應選在滿月之後那幾天。

■特別適合播種開花植物與多數藥用植物的時間是花日——雙子、天秤與水瓶。

一旦徹底掌握上述規則，要制定年度計畫就沒什麼困難。當然，時間與氣候條件也許無法一直完美配合，但要避免所有的作用力產生負面影響可說易如反掌——還是有遊戲空間，再往下看你就會知道。

另一方面，若一味盲從或過度執著於規則，不一定能產生良好的結果。以大自然爲師的人，很清楚世上沒有所謂「百分之百完美」這回事，畢竟物極必反。一開始若能把因爲某些自然需求而造成的損失估算在內，尤其與「收成損失」或除草、除蟲有關，是比較明智的做法。畢竟在我們生存的共棲社會中，萬物皆有各自的責任。庭院裡的害蟲並不總是害蟲，雜草也不一定只是一株無用的草。

◎澆水與灌溉

關於澆水與灌溉，有個建議聽起來或許有點挑釁，對某些比較狂熱的人來說，甚至可能覺得刺耳。那就是，只要在一開始播種或栽種好植物時好好澆水就夠了。如果天候剛好比較乾燥，可以多澆幾天水，然後停止。

現今許多菜圃與田地總會定期灌溉，完全不管天然的條件如何。這會讓土地失去原有的力量，造成植物活力遲鈍，扎根較淺，肥料被沖掉，果實品質不良。在下雨與乾燥的大自然節奏下，土地與植物會甦醒、伸展，而後呼吸。它們清楚每一滴水都很重要，汲取所需的水分。這一類植物的內在力量與眾不同，生長出來的果實也不一樣。

不過，若是太執著大自然循環，與上述建議而馬上停止額外澆水，也不見得正確。土地需要時間慢慢回覆自然的節奏，就像久未運動而鬆弛的肌肉一樣，得先進行訓練，度過肌肉痠痛期，才能找回力量，這才是正確的步調。

室內與陽台植物倒是需要澆水，但次數並不像我們想的那麼頻繁。葉日（巨蟹、天蠍、雙魚）幫室內植物澆水最爲恰當，最好是用無鈣的雨水，或是放置一段時間的水。這個建議或許會讓你很驚訝，你甚至可能覺得有點「殘忍」，因爲通常要間隔六到八天才會出現葉日，但光是在這幾天澆水就非常充裕了（有些異國植物例外）。需水量大的植物只要葉日那兩、三天每天多澆幾次水，便也綽綽有餘。

「就算我外出旅行兩個星期，沒人幫忙照料室內植物，只要在出門前最後一次葉日大量澆水，讓盆底有水，我的植物就能撐過這段時間。你要讓你的植物慢慢習慣新的節奏，不要求快。一些比較需要水分的植物則屬例外，例如番茄就需要常常澆水。」

無論如何，至少避免在花日（雙子、天秤、水瓶）澆水，否則植物容易滋長害蟲，尤其是蝨子。若是出於好意，將室內植物移到戶外，接受雨水的灌溉，也不見得一定有利，因爲葉子無法承受這種直接的水分。

◎輪作與植物群組表

種植蔬菜時，輪作與植物群組的選擇非常重要。許多園藝書會列出植物之間的促進作用、害蟲防治、不恰當的植物分配等等相關資料，這點從事園藝工作的人都很清楚。但對「新手」來說，這裡還有幾點建議請銘記在心。

每年將地上與地下的蔬菜和農作物交替栽種，是特別有效的輪作方式。採行有機種植的園藝工作者會將淺根植物栽種在深根植物旁，因爲收成時間不同，這樣採收其他作物時，成熟期較長的作物還能繼續生長。

〈特別有利的植物群組搭配〉

- 胡蘿蔔配洋蔥　■萵苣配小紅蘿蔔
- 番茄配洋蔥　■豌豆配芹菜
- 番茄配香菜　■馬鈴薯配甘藍菜

〈有利的群組〉

黃瓜可搭配：

洋蔥、蔓菜豆、芹菜、紅甜菜、香菜、萵苣、球莖甘藍、甘藍、短菜豆

馬鈴薯可搭配：

菠菜、短菜豆、球莖甘藍、蒔蘿

芹菜可搭配：
短菜豆、菠菜、洋蔥、蔓菜豆、番茄、蔥、球莖甘藍、甘藍菜、黃瓜
香菜可搭配：
番茄、洋蔥、小紅蘿蔔、黃瓜
番茄可搭配：
芹菜、菠菜、洋蔥、香菜、甘藍菜、球莖甘藍、萵苣、蔥、蔓菜豆、紅蘿蔔
菠菜可搭配：
番茄、蔓菜豆、草莓、球莖甘藍、紅蘿蔔、馬鈴薯、甘藍菜
萵苣可搭配：
洋蔥、番茄、蔓菜豆、短菜豆、小紅蘿蔔、白蘿蔔、蒔蘿、豌豆、黃瓜、草莓、
紅蘿蔔、甘藍菜、蔥
洋蔥可搭配：
番茄、草莓、黃瓜、香菜、萵苣、球莖甘藍
草莓可搭配：
胡蘿蔔、蔥、甘藍、白蘿蔔、小紅蘿蔔、萵苣、菠菜、洋蔥

〈特別不利的群組搭配〉

- 菜豆配洋蔥
- 香菜配茴苣
- 甘藍配洋蔥
- 紅甜菜配番茄
- 馬鈴薯配洋蔥
- 番茄配豌豆
- 紅球甘藍配番茄
- 豌豆配菜豆

或許上面的搭配清單已經激起你的靈感，打算要將某些植物移植在一起。針對這個動作，也有「良辰吉日」的考量。

◎移植、換盆與插枝

移植植物最好在上弦月的時候進行，另一個選擇是下降月（雙子到射手）。在這時間移到另一處栽種，或是移盆的植物，很快就能長出新根，生長狀況良好。年紀老的植物，尤其是老樹，更是需要注意移植的時機。有句俗話說：「老樹不移栽。」但事實不見得如此。一旦你能利用下降月，而且最好是處女日，那麼一株老植物或一棵老樹也能很快再度茁壯。此外，也要記得選擇在春季或秋季移植，這是毋庸置疑的。

上弦月與下降月也很適合進行插枝，一來生長快速，二來在短時間內也可長出細根。同樣的，處女日又是最恰當的日子。不過，若要在秋天插枝，請記得選在下弦月時。

清除雜草與害蟲

針對這個重要的主題，以下兩則新聞能讓你了解問題的影響究竟有多大（兩篇報導皆取自一九九一年四月二十五日的南德日報）。

「一公斤重的阿特拉津除草劑（Atrazin），可以稀釋成大量的噴灑毒劑（現在已經被禁止，不過替代品也不一定適合做成馬鈴薯煎餅的醬料），並只用六十馬克即可買到。要從地下水中分離相同份量的阿特拉津，卻需要一千公斤的活性碳，價值一萬馬克（一歐元＝一‧九五五八三馬克），這還不包括把受到污染的活性碳處理成無傷害性物質的費用。」

「一九四〇年，農夫只使用少許的除蟲劑。當時因害蟲造成的收成損害大概是百分之三點五。反觀今日，除蟲劑的使用量增加千倍，一般可能相信這樣的份量，連菜粉蝶也插翅難飛。的確如此，但連帶消失的東西還有：目前的收成損失反而增加了三倍，高達百分之十二。」

如果這些大自然的炸彈製造者生產藥劑時，還得將環境清潔費用考慮在內的話，世界的面貌或許會大大不同，而且大自然循環這門知識也就不會被遺忘，因爲用得上它的需求性可能會大增。接下來，將說明雜草、害蟲的預防與清除方式，這些方式不花你一分一毫──除了一點耐性。

之前已說過許多被視爲「雜草」的植物，如蒲公英、蕁麻、雛菊、白屈菜等等，幾乎都是價值不低的藥用植物，可以治療不同的身體殘疾。這類植物腐爛之後，也有助於恢復枯竭土壤的生物平衡。

同樣道理，害蟲也可能是種「益蟲」。儘管對於將收穫量或作物「美不美觀」作爲萬物標準的人類而言，並非如此，但對許多動物、鳥類、甲蟲、毛蟲、嚙齒動物等許多小動物來說，卻非常重要。每一種動物都是循環不息的生物鏈中的一環，屬於不斷朝未來前進螺旋中的一份子，我們將之稱爲「大自然」與「演化」。大自然放棄一、兩種植物或動物，對她來說當然不是什麼問題，就像她以前早已多次讓物種滅亡一樣。但人類卻不能這麼做。任何一種動植物的死亡，就是我們一部分的死亡。一直到最後，連大自然也放棄我們爲止。

儘管如此，有些「園藝愛好者」只要看見蒲公英就驚慌失措，並衝進儲藏室拿出化學藥劑來撲滅它們。私人庭院與小果菜園裡的土地毒素，因而比農業用地高出許多倍，單一經濟作物栽培場地也不例外。一千七百二十四種重達三萬噸的農藥裡頭，有兩百九十五種有毒物質，每年被噴灑在德國的土地上（最後滲進土裡、地下水，再進入我們的肌肉、皮膚與內臟），其中有兩千噸是賣給私人花圃或農地使用——大部分是用來維護一片「照料得宜」的草坪。

若不想殘害大自然，與它和諧共存，那麼看見害蟲時，就得先考慮一個問題：那些真的是害蟲嗎？

謹慎、理智地想過自然界的害蟲問題，決定採取某些措施後，第二個問題就來了：害蟲侵襲的原因是什麼？

答案往往就隱藏著解決擾人害蟲的方法，至少可以防止它下一年再度出現。而之所以會出現大量害蟲，必然有許多可能性，要找到眞正原因，得花費一番心力。

我在栽種與照料的過程中是否犯了什麼錯誤？

我是否可能選擇了不適合的土地？

光是找出這兩個問題的答案，就大有幫助了。

◎預防是最佳良藥

就像之前已經談過的，輪作是預防害蟲大量侵襲的良好對策。地上作物與地下作物應該交替種植。

從本章開頭的圖表中，可以清楚了解每個星座有其作用的植物部位（牡羊—果實；金牛—根……等）。如果一再於不利的作用下照料或灌溉花園、菜圃，就等於爲不必要的害蟲提供生長的溫床。

光是在自家環境中，例如室內植物的照料上，就可以發現——如果常在花日澆水，容易滋長害蟲；要給植物澆水，最好是在葉日（巨蟹、天蠍、雙魚）進行。

預防害蟲大量侵襲的最佳良方，就是注意播種與栽培的良辰吉日，衡量葉日、果實日、花日與根日對植物與花朵的作用。

果實——牡羊、獅子、射手　花日——雙子、天秤、水瓶

根——金牛、處女、魔羯　葉日——巨蟹、天蠍、雙魚

天氣因素有時候會打亂整個計畫，不過千萬要注意別在不利的時間點播種、栽培、照料植物。

◎除蟲妙方

只要是農夫或園藝工作者都知道：栽種恰當的植物群組，對於事先杜絕害蟲有相當大的幫助。這種方式稱爲「混合種植」。植物一旦能夠互相牽制害蟲出現，效果是相當驚人的。

接下來要介紹去除庭院中常見害蟲的方法。如果下表中只出現植物名，表示此類植物的播種、栽培與受到害蟲侵擾的植物相互輪替。請你特別注意，所有藥草的栽種時間最好在上弦月，鱗莖植物請選在下弦月。

至於談到直接去除害蟲的萃取液，請參考下列步驟製作：

把不同的植物於滿月時，抓個兩把放在十公升的冷水中，再將此萃取液放置二十

四小時，之後請勿稀釋，直接澆在根部、受害植物附近的土地上（切勿澆在枝幹、莖、葉身、葉片或花上！）。若是在下弦月，萃取液的放置時間要延長兩倍。此外，勿將剩下的萃取液丟掉，稀釋後放個幾天，仍是不錯的肥料喔！

驅除害蟲	來源
菜粉蝶	胡椒薄荷、鼠尾草、番茄、百里香、蒿子
蚜蟲	瓢蟲、旱金蓮（尤其用在果樹）、蕁麻萃取液
壁虱	木莓
葉蜂	艾菊
跳甲蟲	接骨木萃取液、洋艾、胡椒薄荷、洋蔥、大蒜、萵苣
螞蟻	薰衣草、野萵苣、木莓、埋入死魚
老鼠	大蒜、倒提壺、貝母、草木墀
黑穗病	大蒜、香蔥、羅勒
胡蘿蔔蠅	洋蔥、鼠尾草
真菌病	香蔥、問荊

黴菌	鱗莖植物
鼴鼠	上弦月時用耙或手把小土堆鬆開，讓洞大開

如果已經非常注意栽種與照料植物的良辰吉日，卻仍然出現大量害蟲的話，還可以借助月亮位置的變化來改善。

其中有些特殊狀況可當做簡單法則來遵循：

- 下弦月適合進行除蟲措施。
- 土裡的害蟲最好在根日（金牛、處女、魔羯）處理。
- 月亮走到巨蟹座時，除掉地上植物的害蟲效果尤佳。雙子與射手也是不錯的選擇。
- 有時候，唯有將植物短截才能解決問題。若是如此，務必在下弦月時的殘月或直接在新月進行短截，才會有效，植物大多能因此很快恢復生氣。

或許你期待一份更詳細的解決問題清單，希望從中得到直接去除害蟲最有效的方法——尤其當植物已經受到害蟲侵擾時。然而，不同的方法用在不同植物與害蟲種類上，效果也不同。若要在這裡全部羅列出來的作法，恐怕有點過頭。而且也沒有什麼萬靈丹，唯有「耐性」才是除蟲最佳良方。

本書能幫助你逐漸改變想法，不求「快速見效」，而是著重在預防、恰當行動以及常識養成。不管是在你的植物、家庭、職業或日常生活中，與解決方案有關的想法和感受若違逆了自然法則、若不是出自於愛與理性，就沒有任何辦法可以解決問題。

針對自己栽培的植物，只要參考上述清單，注意正確挑選下一年要輪作的植物，多數時候根本不必使用有毒的藥劑。

要能正確處理害蟲，首要條件就是仔細觀察。只要找出害蟲侵襲的原因，就有機會採取正確步驟，屆時你將不再需要驅除害蟲，而會想出一個根本不讓害蟲過度生長的辦法。如此一來，你在除蟲的過程中就不會浪費任何能量。即使只在花園中除蟲也一樣。

去除田裡的蝸牛情形又不一樣：上弦月時的天蠍日才是最佳時機。幸運的是，在大自然的循環變化中，春天蝸牛增多時，天蠍日也大部分出現於上弦月中。

盡量多收集蛋殼（煮過的蛋殼並不適合），下弦月時把蛋殼弄碎（上弦月時，蛋殼沒辦法弄得很碎，而且有稜有角，還會和蛋殼內膜黏在一起），在上弦月將蛋殼灑在栽種植物的土地與苗床四周。不過，請事先將已經爬行在苗床上的蝸牛弄走。之所以使用蛋殼治蝸牛，是因爲銳利的殼緣能有效嚇阻這類軟皮動物。

一定要在月亮變大的時候灑下蛋殼，因為下弦月時蛋殼很有可能容易被雨水沖走。上弦月時，土地沒那麼濕潤，固體物質容易留在地表。一段時間後，蛋殼會自動消失，分解滲入土壤裡（還能讓土壤更為鈣化，與酸結合），但這時蝸牛大多也不構成威脅了。

然而這個原本超級有效的方法，最近幾年也有點失靈。因此，沒有理由不讓你知道一個非常有價值的小技巧——就是在下雨過後動手把蝸牛全抓起來囉。蝸牛問題若是非常嚴重的話，請在下個月的天蠍日時，再重複一次整個步驟。

除此之外，還可以灑下木灰與鋁屑，或者搭配種植洋蔥、大蒜、鼠尾草與旱金蓮等植物。

對青蛙與蛤蟆等蝸牛的天敵而言，蝸牛是相當美味的食物。但牠們只在無毒的環境中才覺得舒服，所以不容易被放養。如果氣候適宜，加上人工小池塘的吸引力，就算是在都市裡，青蛙之類的動物也會自動出現。而在鄉野，一片濕潤的草地與小水潭，對牠們來說就足夠了。

如果想「人工」放養青蛙，你得注意星座以及是在星期幾放養的。上弦月與下弦月在這裡發揮的作用有限，不過，若真要選擇，請挑選下弦月。比較值得注意的是，星座恰當與否——請避開巨蟹、獅子、金牛與牡羊。這幾天會讓青蛙很不舒服，沒多久就消失不見，甚至死亡。其他的星座日好一些，也較為適合放養計畫。另外，也請避開星期二與星期四，這兩天遷移動物相當不利（例如剛買進動物或是搬家時）。

刺蝟也是蝸牛的天敵，能大量捕食蝸牛。一座樸實自然的庭園裡，掃成堆的落葉小枝，對這個滿身是刺的同伴有著絕佳的吸引力。在下弦月時掃集落葉堆，會有不錯的乾燥效果。但這不表示雨滴無法進入落葉、樹枝堆裡頭，而是說底下的刺蝟窩比較容易保持乾燥。收集秋天的落葉對刺蝟來說也很重要，因為可以讓牠度過冬天。同樣的，也請在下弦月時收集落葉，尤其是乾燥星座（即非巨蟹、天蠍或雙魚）出現之際。

◎清除雜草

即使同一時間只栽培一種作物，土地仍有負擔。細菌沒有活力，土壤疲乏、滿是毒素，土裡的動植物狀況惡化，最後逐漸演變成不使用肥料，就無法收成有用的作物。土壤疲乏不僅是因為缺少礦物質，也由於栽培作物的根部分泌物所致。例如燕麥會讓土壤變酸。

觀察與單一作物同時生長的植物（也就是所謂的「雜草」）後，你會驚訝發現以前生物學家與農業專家也有同樣的觀察結果——那就是作物與雜草對於保持土壤品質有著共生關係。例如和燕麥一起生長的野芥、野蘿蔔就能去除土壤酸性，中和燕麥的酸性作用。

針對這項研究，還有個很有趣的發現：因偏食單一種植的穀物，或人工栽培植物而引發的健康損害，通常利用與這些植物一起生長的「雜草」，就能獲得治療。

所以要去除雜草前，請先思考一下上面的觀察結果。若能先將蕁麻收集起來，加以乾燥，有效利用它的治療力量，或許是一項有價值的工作。

當然，雜草並非全都具備療效，而且我們常常有很好的理由希望雜草拔除、割掉後，就不再要長出來。對此，有個輔助方法如下：

良辰吉日：下弦月是拔除、割掉雜草的良機，效果最好的是魔羯座（一月到六月時，魔羯座就出現在下弦月時）。

但注意不要傷害到有用的植物，否則很容易一起死去，不再生長。

懂得利用月亮變化的園藝工作者，反而能將去除雜草的不利時機（例如上弦月的獅子日）轉變成有用的優點。只要在獅子日「碰觸」（請見第一章）雜草，草就能長得又快又茂密。上弦月獅子日時，若鋤鬆新砌的苗床，原本還很脆弱的雜草就會生長，再於下弦月的魔羯日把它掉。如此一來，有好長一段時間，苗床不太會長出雜草。

最後秋天時，再選個下弦月將所有的苗床刈草，預防來年再長雜草。

還有一個特別的日子——六月十八日上午到中午十二點（夏日時間到下午一點）。在這段時間去除的雜草將不會再生長，連根都會腐爛。接下來，你還會見到許多像這一樣跟月亮變化無關的規則。這些事幾乎無法解釋，只能經由自己的觀察與試驗獲得證明。

截枝與修剪

◎短截植物的規則

短截是項棘手的園藝工作，經常可以見到花費同樣的心力與專業知識，卻得到不同的結果。植物可能一下子迅速生長，一下子又發育不良；要不然就是過度茂密或完全枯萎。

良辰吉日：請在下弦月時短截植物，或選擇下降月這個替代時間（雙子到射手）。

下弦月修剪植物與樹木，不會造成損害，因爲汁液往下降，不會溢出。所以修剪之後，植物不會因汁液流光而死掉。

◎修剪果樹

修剪果樹與灌木是一項必須重複進行的重要工作。許多園藝愛好者在這方面偶有不好的經驗，甚至連專家也不例外。有幾年修剪之後，狀況不錯；有幾年卻又糟糕透頂。因此進行修剪工作也得仔細挑選時辰，這一點也不令人意外。

修剪果樹與灌木的良辰吉時在下弦月，尤以果實日為佳（獅子、射手與牡羊）。下降月（雙子到射手）也同樣適合，因爲樹汁這時候一樣沒有上升，不會從修剪處流溢出來。

最糟糕的時間是上弦月的葉日（巨蟹、天蠍與雙魚）。樹木會流失許多汁液，妨礙果實成熟。雖然果樹不會因此死掉，但收穫量減少，有時候甚至完全沒有。如果你選在滿月正好經過巨蟹座時修剪樹枝，將無法保證果樹或植物能夠存活下來！

◎嫁接

園藝工作比較困難的部分就屬果樹的嫁接（芽接、接枝等）。所謂嫁接，就是將帶有果實或花苞的接穗與生長力強盛的砧木接在一起。嫁接的目的在於希望植株健康，生長茂盛，擁有較強的抵抗力。通常只有熟練的老手才敢做嫁接工作，不過只要注意時間點，每個人都能有成功嫁接的機會。

良辰吉日：嫁接果樹應該選在上弦月，最好接近滿月，同時是果實日（牡羊、獅子、射手）時進行。

這樣的話，樹汁很快就能上升到接穗，接合度也比較好。在果實日嫁接，果樹將能每年結實纍纍。如果趕不上滿月或是上弦月的時間，也可以選擇上升月，一樣也得注意是**果實日**（牡羊）。

同樣一件工作會出現不同的可能性，所以時間上若沒辦法緊密配合，就將嫁接時間往後延一年。此外，氣候與許多突發狀況也得考慮在內。一旦無法選擇恰當的時間，最好盡量避免讓所有負面影響同時作用在植株上。

◎對生病植物具有相當療效的藥方

有些讀者或許還記得一九八四年七月十二日：一場破壞力強大的冰雹襲擊慕尼黑與鄰近地區，損失高達數十億，至今仍可見被雞蛋大的冰雹打得傷痕累累的車子在街上開著。其中，有個「後續的損失」在數個月後才浮現——許多針葉樹的枝頂全被冰雹給打掉；於是針葉樹從樹梢開始慢慢腐爛，最後死亡。沒人發現這之間的關聯，只將樹木死亡歸因於一般的森林滅亡。謎底究竟是什麼呢？一九八四年七月十二日剛好是滿月。天氣偏偏就在這不利的時間點猛力發飆，因爲只要在滿月去掉針葉樹的枝頂或是闊葉樹的枝幹，就算是健康的植株也會受到嚴重損害，甚至死亡。於是生病的植株最後被判死刑，從樹梢開始腐爛。

同樣是修剪枝幹或枝頂，在新月之前不久或新月時採取行動，結果卻截然不同：

良辰吉日：發育不良、生病或無法正確生長的植株，若是選在下弦月去掉枝頂——殘月，或者最好是新月——大部分的結果都非常好。將枝頂剪至側枝上方，側枝才能往上生長，成為新的枝頂。

這個規則適用於無法正確生長的植株，觀賞植物與開花植物亦然。新月時修剪枝頂，結果絕對讓你大呼意外。

「在我家鄉，使用較長的修枝剪處理發育不良或生病的樹木枝頂，成果斐然。我相信透過這個簡單方法，一定可以幫助森林裡爲數眾多的生病植株。

有時候不能只修剪花朵、灌木與果樹的枝頂。有一次新月，我將一棵果樹枝幹徹底砍至嫁接口上方。果樹仍再度發芽，之後年年開花結果。

在新月修剪枝頂，是否就能夠阻止森林滅亡呢？這我無法確定，因爲引發的原因並沒有被排除掉。不過，結果卻可能超出所有期望，這點毫無疑問。目前爲止，我用這種方法照料過的生病植株，全都健康地活下來。」

處女日——工作日

處女座　上弦月　3月到9月　下弦月　9月到3月

在庭園與大自然中，處女座扮演著一個很特別的角色，或許你從前面的介紹已經注意到這個特點。只要跟栽培與播種有關，處女座就是最好的星座選擇。除此之外，在處女日做別的工作，也相當有效。

「農夫大概最清楚這一天的重要性。處女日可直接插枝：用鐵鍬在地上挖個開口，置入插枝，將土填實即可。如果有些樹枝無法正確生長，請在新月時修剪枝頂，植株就會長得又快又壯，而且往往不需要架設籬笆來杜絕野生動物的啃咬。就我所知，在我家鄉是完全沒有架設籬笆的。」

在處女日移盆的植物（例如天竺葵）擁有絕佳的條件，能長成美麗健康的盆栽植物。接穗在秋季時會很快生根，因爲之後的處女日就進入下弦月時期。春季月亮變大時，接穗的插接情況良好，尤其是度過冬天的天竺葵。歷經「冬眠」之後，請在處女日將天竹葵移盆、分枝或是作爲接穗之用。

上弦月的處女日種植的草坪很快就能長得讓人心曠神怡，不過上弦月獅子日的效果更好。無論如何，上弦月這個時間相當重要。

市政當局建設市內公園與綠地時若能特別挑選一下日子，不但能省下許多花費，草坪更能長得茂密，抵抗力強，往往不需要再補種。

但是球葉萵苣卻是處女日規則的最大例外！在處女日播種的萵苣，不但生長過快，而且不易形成葉球。射手座也不是種植萵苣的理想日子。

葉類植物的栽種規則參考如下：

良辰吉日：葉類蔬菜（萵苣、菠菜、結球甘藍、甘藍）應在下弦月播種栽培，最好的時間是巨蟹日。

架設或更新籬笆這項庭園工作，也適合在處女日進行，不過必須選在下弦月或新月之際，架好的木柱會較爲堅固。不管架設什麼用途的木柱，都適用這項規則。至於整修工作大部分落在秋天或初春，這時處女座剛好落在下弦月。

當然，月亮每個月大概也只有兩到三天的時間會經過處女座，但無論你在這幾天做了哪些園藝工作，結果都不會讓你失望。尤其若是打算大翻動長年未改的庭園，衷心建議你選在上弦月的處女日移盆或動手整理。不過，若是植株原本的生長狀況良好，就不一定非處女日才行，只要是上弦月或是下降月即可。而優先在處女日處理有問題的植株，接下來就沒什麼大不了的困難了。

關於植物營養

爲學日益，爲道日損，損之又損，以至於無爲。無爲而無不爲。

取天下常以無事，及其有事，不足以取天下。

——老子

◎一般的施肥規則

過度施肥——這已是常態，而非例外——會妨礙正常的根部生長，尤以果樹受到的影響最深。肥料的份量應以植株的需求爲考量，而通常植株所需的肥料比人類施加其上的，還要少很多——尤其是配合正確的施肥時間點，份量還可以再減少。

庭園與田地工作同樣也需要你的感受與常識，而不是以規則、教義和「專家意見」爲依歸。例如堆肥或糞肥等就是溫和的肥料，對於果樹尤其好。

就這樣放棄不使用肥料，除非你很清楚該怎麼做才能讓土地更有效能，否則，只在少數情形下有所幫助。我有個農夫朋友，他已經有十年的時間沒給蔬菜與穀物施肥！即使如此，卻產量可觀，品質優異。我請教他的做法，他說：「緩慢就是奧祕。」他從一位老農夫那兒學到這個方法，用自創的工具，透過不同的方式，在植物生長期的乾旱時期工作。一旦地面溫熱，他就耕作；而且熱度到達地下多深，他就耕作多深。上弦月時，他耕得比較淺，下弦月又深一些。

藉由這個方法，土地將隨著時間被十二股星座作用力全「觸碰到」。下個世紀，農業的未來是否就奠基於此呢？除此之外，還有很多不錯的理由值得好好談談施肥這件事。

有一項對於大自然的重要觀察想來已經被人遺忘，那就是滿月剛過沒多久的下弦月，土壤的吸水力比上弦月時還要高。

「不久前的某天上午，我在廣播裡聽到環保人士與農業代表的對談。雙方你來我往，辯論肥料的好處與壞處，談到保護地下水的重要性，但顯然無法取得共識。我當時很想打電話告訴那些來賓，他們雙方誰也沒錯，但我這邊卻有另外的想法。

道理很簡單：在某個特定的時間施肥，肥料將滲入土裡被植株利用，不會流入地下水中。而其他時間肥料會留在地表，無法被土地吸收，最後直接流入地下水，污染水源。」

因此，施肥時請盡量避開上弦月，否則只會造成地下水的負擔，至於後果如何，早已有目共睹。某些地區飲用水中的硝酸鹽含量甚至因此相當高，小嬰兒若是喝下，實在非常危險。

農夫、花匠與園丁平常工作時應該就已察覺到，有些時候施肥反而會產生破壞，例如燒灼草皮、根部萎縮，甚至死亡。但有幾天施肥卻能達到預期效果，完全不見有害的伴隨現象。

下次施肥時請注意月亮的位置，也觀察一下土地在下弦月時吸收肥料的狀況如何。室內植物也請以同樣的方式施肥。

良辰吉日：若是可以，請在滿月或下弦月給植株施肥。

由於工作流程繁雜，要農夫或者專業園藝工作者配合滿月施肥，困難度實在很大。不過，對於自己栽種花花草草、小東西的人來說，遵循滿月施肥的規則絕對沒有問題，何況下弦月這段時間也夠讓人好好利用滿月這個良辰吉日了。

選擇良辰吉日來做事，效果絕對讓你驚奇連連。你可以安心地忽略化學藥劑上的使用說明，讓植株慢慢不再需要過度施肥，最後會證明你的觀點沒錯。

◎給花施肥

星座的選擇對於施肥的時間也有不可忽視的影響。除了要注意下弦月這個時辰之外，就跟澆水的良辰吉日一樣，葉日（巨蟹、天蠍、雙魚）施肥的效果絕佳。

針對根部生長比較弱的花朵，在這期間內也可以選擇根日（金牛、處女與魔羯）施肥。

開花不良的植株則應該在花日（雙子、天秤、水瓶）施肥，但頻率切勿太高，否則容易滋長害蟲。

還有，別把花朵季節性的自然衰落，視爲需要在花日施肥的訊號！

◎穀物、蔬菜與水果

穀物、蔬菜與水果不需要開花艷麗，而是應結出飽滿有生氣的果實。

良辰吉日：施肥的最佳時間是果實日（牡羊、射手），同樣是在下弦月或滿月。獅子日之所以不適合施肥，是因為之後地面與植株會變得很乾。

千萬不要在獅子日使用人造化肥，否則土壤與種子容易燒壞，尤其是原本就已經乾燥的土地。在黃道十二宮中，獅子可是「最火」的星座。

◎肥料堆——有利自然保育的循環利用

完全成熟的好堆肥除了可拿來當作不錯的肥料之外，還有其他優點，因此這裡將稍微深入討論一下堆肥。二十年前，還沒人知道「循環利用」（Recycling）這個詞彙。或許因爲有必要想出一個術語來指稱一種早已爲人熟悉的循環現象，這個詞才會出現——從大自然得來的禮物，或是藉由自己努力從大自然獲取的禮物，還給她時，應該讓她的內在力量與整體性保持不變。

如今，權力關係已經改變：我們從大自然身上奪走太多東西，將她贈與的禮物加工、改變、轉性，還給她的，是無法消化、滿是毒素的東西。我們簡直是在自取滅亡。

或許因爲良心不安，我們才發明了「循環利用」這個詞彙。我們忘記「回歸大自然的循環」與「重複利用」其實不是什麼新穎的觀念，而是表達出一種必要性。聽從這種必要性不但需費點功夫，而且產量與利潤可能滑落，讓人「不舒服」。幸好已經有一些人慢慢從中得到樂趣了。

堆肥是循環利用最古老的形式之一。這一章節或許無法給熟練的園藝工作者什麼新東西，不過近來日漸增加的垃圾問題卻給新手一些刺激，回頭嘗試這項技術。許多園藝書籍對此介紹得很詳盡，這裡只說明一些小技巧：

- 肥料堆的適當位置盡量選在有擋風的半陰處，以免變乾。分解過程需要足夠的熱度，因此熱度很重要，如果放置在陰暗處，會減緩發酵。
- 決定地點之後，先鋤鬆約十公分深的土，再放上十公分厚的底座。並使用乾燥、吸水力強的物質製作底座，例如乾燥的草皮、小樹枝、稻草或麥桿。
- 再將寬厚的透氣物質覆蓋在整個基底上頭。切勿使用箔或其他不通風的材料把土地給固封起來，否則容易腐爛、潮濕，同時也阻斷蚯蚓爬到肥料堆的通道。
- 放置堆肥箱與開始製作肥料堆的時機應選在下弦月，但將上述基土踏實的時間則是上弦月，最好是滿月前幾天。也可以選擇下降月時開始設置肥料堆。基本上，只要遵守時間，分解就會進行得比較快。如果無法全部都按照時間來做，至少注意其中一個時間。
- 現在開始堆肥。將有機物質與垃圾依次分層疊放，不要放得太緊密，才能透氣。沒有毒性、可以分解的植物與動物垃圾適合用來做堆肥；枝幹的話，必須事先砍小一些；生病的植株與雜草請勿置入。此外，並非所有的廚餘都適合做堆肥，烹煮過的剩菜就不行。不要將肥料堆當作垃圾場，剩菜不能算是廚餘，也容易引來討厭的害蟲，甚至老鼠。

■如果要添加促進生物分解劑（例如石粉），請選在土日，尤其是處女日（金牛與魔羯還可以）。加入石灰可以促進腐殖層成形，有益分解。

■若要強化分解過程，可以在各層之間加入半熟的堆肥或庭園裡的土壤。輪流嵌入厚寬的透氣物質，同時在上弦月時將肥料堆踏實，踏個數次。割下來的草不要在肥料堆上堆太高，否則容易腐爛（大概五到十公分就夠了）。

■乾燥的物質在堆放之前可以稍微弄濕。堆放堆肥時有個簡單的小技巧——乾的放在濕的上面；粗的放在細的上面。

■好的堆肥雖然散發出舒服的味道，但還是不要放得離鄰居太近。用個樹籬或種植蔓菜豆將堆肥擋起來。

只要遵守上述步驟，就能「收成」豐富、成熟的堆肥，它可是最佳的庭園土壤與肥料。

收成、儲藏、保存

如果害蟲、黴菌，或造成腐爛的細菌把我們的收穫給破壞掉了，那些播種、栽培與照料的技巧又有什麼用？有史以來，運用許多方法來保存儲藏從庭園、田地與森林得來的食物，幫助我們的祖先度過嚴冬。這些方法有鹽醃、發酵、燻製、蒸煮、煎炸、乾燥等等。除此之外，更重要的技巧在於收成或保存食物的良辰吉日。

即使用同一種方式清潔食物，在儲藏與保存方面，最後仍可能導致不同結果。最好的例子就是——許多家庭主婦應該都有這樣的經驗，有時候一瓶果醬才開了沒多久，就開始腐壞；但有時將它放在餐桌上好幾個星期，吃起來卻跟剛打開時一樣。而自己煮後密封起來的水果或自製果醬，保存時限也不盡相同。如果你了解收成與儲藏的規則，相信就能揭開謎底了。

良辰吉日：收成、儲藏、保存食物的最佳時間是在上升月（射手到雙子）。收成與保存比較不受月相的影響，反而是月亮當時經過的星座的作用力比較大。

牡羊日則最適合收成與儲藏穀物、蔬菜、馬鈴薯。

水果與蔬菜在上升月時較爲多汁，可以一直保留到收成的時候，這樣的蔬果風味佳，也比較容易保存。

製作果醬同樣也是在上升月比較有利。這時候的水果香甜多汁，保存時間比較久，所以不需要使用膠凝劑或其他化學添加物，較讓人安心（也適用其他的生活必需品）。

雙魚日是特例：雖然上升月中也有雙魚日，但是在這幾天收成的東西一定要盡快食用完畢。這個時段並不適合收藏與保存蔬果，食物容易腐爛，而且淡而無味。

如果你的時間配合不上，得另尋吉日的話，記得要排除會出現負面影響力的日子。

上弦月時，月亮若不是位於有上升力的星座，採收的蔬果盡可能馬上吃掉。

處女日絕對嚴禁收成、儲藏與保存。例如，這時候如果將果醬煮好裝罐的話，很容易發霉。巨蟹日也不是合適的日子。當你在上升月找良辰吉日時，請避開這個星座。

應該要乾燥的水果、果實與藥草，請在下弦月時採收處理。

請在下弦月時（風象星座或火象星座）清潔儲藏室裡放置水果或果醬等罐頭用的架子，才能維持乾燥，防止發霉。

星座v.s.庭園與田地

牡羊座

牡羊日是擁有上升力量的果實日。

非常有益於↓

- 栽種一切需要快速成長而後能馬上使用的植物。
- 嫁接果樹（上弦月時）。
- 收穫、儲藏穀物。

有益於↓

- 栽種水果。
- 種植穀物（上弦月時）。
- 施肥穀物、蔬菜與水果（一定要在下弦月或滿月進行，四月到九月）。
- 修剪果樹與灌木（下弦月時）。

金牛座

金牛日是擁有上升力量的根日。

非常有益於↓

- 種植樹木、灌木、樹籬與根類蔬菜。生長緩慢、持久的植物，其果實特別適合儲藏。

有益於↓

- 製作糞肥與堆肥（下弦月時，五月到十月）。
- 驅除土裡的害蟲。
- 給根部生長勢弱的花施肥。
- 保存、儲藏根類蔬菜，例如馬鈴薯、胡蘿蔔等。

雙子座

雙子日是花日，位於上升力量與下降力量的交會點。

非常有益於↓

■種植、播種攀緣植物。

有益於↓

■種花、播種。

■除蟲。

■給不太開花的花朵施肥；但切勿太常施肥，容易招蟲。

巨蟹座

巨蟹日是擁有下降力量的葉日。

非常有益於↓

■栽種、播種葉類蔬菜（下弦月時栽種萵苣特佳）。

■驅除地上的害蟲。

有益於↓

■刈草（上弦月時更好）。

- 給室內盆栽澆水。
- 給花施肥。

不利於→

- 栽種應該長高的植物。
- 修剪果樹與灌木（上弦月時，尤其是春天。滿月時的巨蟹日尤其不利）。
- 同樣不宜儲藏、保存。

獅子座

獅子日是擁有下降力量的果實日。獅子是最「火熱」、乾燥的星座。

非常有益於→

- 採集強化心臟的藥草。
- 修剪果樹與灌木（下弦月時，適合冬天剪枝的日子）。
- 適合在潮濕田地栽種穀物的最佳日子（上弦月時）。

有益於→

- 種植草坪（上弦月時）。
- 栽種不需要太多水的果實（番茄、馬鈴薯）。
- 種植容易腐爛的蔬菜。
- 種樹與灌木。
- 嫁接果樹（春天上弦月時）。

不利於→

- 使用化肥。
- 除草。
- 醃泡菜（會乾掉）。

處女座

處女日是擁有下降力量的根日，也是最適合庭院、田地與林務工作的日子，如種植、移栽與新栽等工作。

非常有益於→

- 所有栽培、播種的工作，土壤會讓一切發芽。
- 種植應長得很高的樹木。
- 栽種需要很快生長的灌木與樹籬。
- 移植老樹（春天或秋天）。
- 給室內植物換盆或新栽植物。
- 種草（上弦月時）。
- 插枝（上弦月時，下弦月時的秋天）。

有益於↓

- 製作糞肥與堆肥（下弦月時）。
- 任何施肥都行。
- 驅除土裡的害蟲。
- 給根部生長勢弱的花施肥。
- 設置籬笆柱。
- 挖出糞肥。

不利於↓

■栽種萵苣（會四處蔓生）。

■裝瓶、蒸煮後裝罐與儲藏。

天秤座

天秤日是擁有下降力量的花日。中性星座，園藝工作在這幾天沒有特別好或特別不好的影響。

有益於↓

■種花與花藥草。

■給不太開花的花朵施肥。

天蠍座

天蠍日是擁有下降力量的葉日。

非常有益於↓

- 播種、栽培，收成與乾燥各種藥用植物。
- 除蟲（上弦月時）。

有益於↓

- 栽種葉類蔬菜。
- 刈草。
- 給室內盆栽澆水。
- 給花與草坪施肥（不太適用於蔬菜）。

不利於↓

- 修剪果樹與灌木（上弦月時，尤其是春天）。
- 砍樹（會有甲蟲蟲害）。

射手座

射手日是果實日，位於上升力量與下降力量的交會點。

非常有益於↓

- 栽種所有果實以及長高的蔬菜（蔓菜豆、啤酒花等）。

有益於↓

- 修剪果樹與灌木（春天的下弦月時）。
- 種植穀物，尤其是玉米。
- 春天時給穀物、蔬菜與水果施肥（一定要在下弦月與滿月時）。
- 驅除地上害蟲。

不利於↓

- 鬆土、除草（容易亂長雜草）。
- 種蒿苣（一樣容易亂長）。

魔羯座

魔羯日是擁有上升力量的根日。

非常有益於↓

- 除草（下弦月時）。
- 設置庭園小路。

有益於↓

- 播種、栽培根類蔬菜與越冬蔬菜。
- 挖掘與疏剪植物、林邊、樹籬（下弦月時）。
- 製作糞肥或堆肥（下弦月時）。
- 驅除土裡的害蟲。
- 給根部生長勢弱的花施肥。
- 保存、儲藏根類蔬菜（例如下弦月時醃酸菜；若在上弦月進行，發酵過程會太快）。

水瓶座

水瓶日是擁有上升力量的花日，但不太適合園藝活動。盡量集中在必要的事情上。對園藝、田地與林務而言，水瓶座是歉收星座。

有益於↓

- 鋤地到除草，雜草可以就地腐爛。
- 給不太開花的花朵施肥，但切勿太常施肥，容易招蟲。

不利於↓

- 疏苗移植，因為移栽的植物不易生根，容易倒下。

雙魚座

雙魚日是擁有上升力量的葉日。這時候栽種的植物應盡快用掉。

有益於↓

- 種植葉類蔬菜。
- 給室內盆栽澆水。
- 刈草。
- 給花施肥。
- 下弦月時栽種馬鈴薯（如果雙魚落到滿月後的第三天特別好）。

不利於↓

- 修剪果樹與灌木（尤其是春天時的上弦月）。
- 保存、置放、儲藏。

後記
展望未來

書中一切規則的有效性來自於直覺與感受，而不是專斷、假設、理論或是信仰。我們的祖先因爲感官敏銳、警覺性高，而且深入觀察大自然與個人，所以成爲「良辰吉日的大師」。

請你想一下：如果後來的世代只是單純遵循規則，沒有「體會」其意義，同時也不具備證實這些規則的有效性、將這些規則化成血肉的感受力，也不常常查詢「手冊」或是麻煩「專家」，那麼這項知識將無以爲繼，不可能成功流傳下來。一項規則若未在自然與人類的眞實生活中深入扎根，絕對無法在世界上存在數十年之久。

月亮變化只是指針，解讀它所傳達訊息的能力則存在我們身上。本書只是幫助你喚醒這種能力，增加對它的信任，鼓勵你順著這股能力去做事。

這門知識適用全球各地，不過必須要跟著它緊密成長。我們的土地就跟我們的身體一樣，被迫去適應太多負面東西，回歸自然、與自然節奏調和一致，是需要時間的。

只要熟悉大自然「運轉緩慢，有自己的步調」的特性，月亮循環的規則就可隨時供你運用。這項特性是不容催逼的。只要常常記住這個觀念，月亮循環的知識就會自動在你面前展開。

本書只是一個工具，不是萬靈丹。如何使用工具，就完全取決於你自己了。

♐ 射手座　♒ 水瓶座　🌓 上弦月　🌑 新月

♑ 魔羯座　♓ 雙魚座　🌗 下弦月　🌕 滿月

2007
月相星座表

七月

S	1	♑	
M	2	♑	
T	3	♒	
W	4	♒	
T	5	♓	
F	6	♓	
S	7	♈	🌗
S	8	♈	
M	9	♉	
T	10	♉	
W	11	♊	
T	12	♊	
F	13	♋	
S	14	♋	🌑 13.03
S	15	♋	
M	16	♌	
T	17	♌	
W	18	♍	
T	19	♍	
F	20	♎	
S	21	♎	
S	22	♎	🌓
M	23	♏	
T	24	♏	
W	25	♐	
T	26	♐	
F	27	♐	
S	28	♑	
S	29	♑	
M	30	♒	🌕 01.48
T	31	♒	

八月

W	1	♓	
T	2	♓	
F	3	♈	
S	4	♈	
S	5	♈	🌗
M	6	♉	
T	7	♉	
W	8	♊	
T	9	♊	
F	10	♋	
S	11	♋	
S	12	♌	
M	13	♌	🌑 00.02
T	14	♍	
W	15	♍	
T	16	♍	
F	17	♎	
S	18	♎	
S	19	♏	
M	20	♏	
T	21	♏	🌓
W	22	♐	
T	23	♐	
F	24	♑	
S	25	♑	
S	26	♒	
M	27	♒	
T	28	♒	🌕 11.35
W	29	♓	
T	30	♓	
F	31	♈	

九月

S	1	♈	
S	2	♉	
M	3	♉	
T	4	♊	🌗
W	5	♊	
T	6	♋	
F	7	♋	
S	8	♌	
S	9	♌	
M	10	♌	
T	11	♍	🌑 13.44
W	12	♍	
T	13	♎	
F	14	♎	
S	15	♎	
S	16	♏	
M	17	♏	
T	18	♐	
W	19	♐	🌓
T	20	♐	
F	21	♑	
S	22	♑	
S	23	♒	
M	24	♒	
T	25	♓	
W	26	♓	🌕 20.44
T	27	♈	
F	28	♈	
S	29	♉	
S	30	♉	

十月

M	1	♊	
T	2	♊	
W	3	♋	🌗
T	4	♋	
F	5	♌	
S	6	♌	
S	7	♌	
M	8	♍	
T	9	♍	
W	10	♎	
T	11	♎	🌑 06.00
F	12	♎	
S	13	♏	
S	14	♏	
M	15	♐	
T	16	♐	
W	17	♐	
T	18	♑	
F	19	♑	🌓
S	20	♒	
S	21	♒	
M	22	♒	
T	23	♓	
W	24	♓	
T	25	♈	
F	26	♈	🌕 05.51
S	27	♉	
S	28	♉	
M	29	♊	
T	30	♊	
W	31	♋	

十一月

T	1	♋	🌗
F	2	♌	
S	3	♌	
S	4	♍	
M	5	♍	
T	6	♍	
W	7	♎	
T	8	♎	
F	9	♏	
S	10	♏	🌑 00.03
S	11	♏	
M	12	♐	
T	13	♐	
W	14	♑	
T	15	♑	
F	16	♑	
S	17	♒	🌓
S	18	♒	
M	19	♓	
T	20	♓	
W	21	♈	
T	22	♈	
F	23	♉	
S	24	♉	🌕 15.30
S	25	♊	
M	26	♊	
T	27	♋	
W	28	♋	
T	29	♌	
F	30	♌	

十二月

S	1	♍	🌗
S	2	♍	
M	3	♍	
T	4	♎	
W	5	♎	
T	6	♏	
F	7	♏	
S	8	♏	
S	9	♐	🌑 18.40
M	10	♐	
T	11	♑	
W	12	♑	
T	13	♑	
F	14	♒	
S	15	♒	
S	16	♓	
M	17	♓	🌓
T	18	♈	
W	19	♈	
T	20	♉	
F	21	♉	
S	22	♊	
S	23	♊	
M	24	♋	🌕 02.16
T	25	♋	
W	26	♋	
T	27	♌	
F	28	♌	
S	29	♍	
S	30	♍	
M	31	♎	🌗

＊此表為德國時間，請依時差換算。

2007
月相星座表

♈ 牡羊座　♊ 雙子座　♌ 獅子座　♎ 天秤座
♉ 金牛座　♋ 巨蟹座　♍ 處女座　♏ 天蠍座

一月				二月				三月				四月				五月				六月			
M	1	♊		T	1	♋		T	1	♌		S	1	♍		T	1	♎		F	1	♐	🌕 02.02
T	2	♊		F	2	♌	🌕 06.45	F	2	♌		M	2	♎	🌕 18.15	W	2	♏	🌕 11.08	S	2	♐	
W	3	♋	🌕 14.56	S	3	♌		S	3	♍		T	3	♎		T	3	♏		S	3	♑	
T	4	♋		S	4	♍		S	4	♍	🌕 00.18	W	4	♎		F	4	♐		M	4	♑	
F	5	♌		M	5	♍		M	5	♍		T	5	♏		S	5	♐		T	5	♑	
S	6	♌		T	6	♍		T	6	♎		F	6	♏		S	6	♐		W	6	♒	
S	7	♌		W	7	♎		W	7	♎		S	7	♐		M	7	♑		T	7	♒	
M	8	♍		T	8	♎		T	8	♏		S	8	♐		T	8	♑		F	8	♓	🌗
T	9	♍		F	9	♏		F	9	♏		M	9	♐		W	9	♒		S	9	♓	
W	10	♎		S	10	♏	🌗	S	10	♏		T	10	♑	🌗	T	10	♒	🌗	S	10	♈	
T	11	♎	🌗	S	11	♏		S	11	♐		W	11	♑		F	11	♒		M	11	♈	
F	12	♎		M	12	♐		M	12	♐	🌗	T	12	♒		S	12	♓		T	12	♉	
S	13	♏		T	13	♐		T	13	♑		F	13	♒		S	13	♓		W	13	♉	
S	14	♏		W	14	♑		W	14	♑		S	14	♓		M	14	♈		T	14	♊	
M	15	♐		T	15	♑		T	15	♑		S	15	♓		T	15	♈		F	15	♊	🌑 04.13
T	16	♐		F	16	♒		F	16	♒		M	16	♈		W	16	♉	🌑 20.27	S	16	♋	
W	17	♐		S	17	♒	🌑 17.14	S	17	♒		T	17	♈	🌑 12.35	T	17	♉		S	17	♋	
T	18	♑		S	18	♓		S	18	♓		W	18	♉		F	18	♊		M	18	♌	
F	19	♑	🌑 05.00	M	19	♓		M	19	♓	🌑 03.42	T	19	♉		S	19	♊		T	19	♌	
S	20	♒		T	20	♈		T	20	♈		F	20	♊		S	20	♋		W	20	♌	
S	21	♒		W	21	♈		W	21	♈		S	21	♊		M	21	♋		T	21	♍	
M	22	♓		T	22	♉		T	22	♉		S	22	♋		T	22	♌		F	22	♍	🌓
T	23	♓		F	23	♉		F	23	♉		M	23	♋		W	23	♌	🌓	S	23	♎	
W	24	♈		S	24	♊	🌓	S	24	♊		T	24	♋	🌓	T	24	♍		S	24	♎	
T	25	♈		S	25	♊		S	25	♊	🌓	W	25	♌		F	25	♍		M	25	♎	
F	26	♉	🌓	M	26	♊		M	26	♋		T	26	♌		S	26	♍		T	26	♏	
S	27	♉		T	27	♋		T	27	♋		F	27	♍		S	27	♎		W	27	♏	
S	28	♊		W	28	♋		W	28	♌		S	28	♍		M	28	♎		T	28	♐	
M	29	♊						T	29	♌		S	29	♎		T	29	♏		F	29	♐	
T	30	♋						F	30	♌		M	30	♎		W	30	♏		S	30	♑	🌕 14.49
W	31	♋						S	31	♍						T	31	♏					

2008 月相星座表

♐ 射手座　♒ 水瓶座　上弦月　新月
♑ 魔羯座　♓ 雙魚座　下弦月　滿月

七月

T	1	♊	
W	2	♊	
T	3	♋	新月 03.19
F	4	♋	
S	5	♌	
S	6	♌	
M	7	♍	
T	8	♍	
W	9	♎	
T	10	♎	上弦月
F	11	♎	
S	12	♏	
S	13	♏	
M	14	♐	
T	15	♐	
W	16	♐	
T	17	♑	
F	18	♑	滿月 08.56
S	19	♒	
S	20	♒	
M	21	♒	
T	22	♓	
W	23	♓	
T	24	♈	
F	25	♈	下弦月
S	26	♉	
S	27	♉	
M	28	♊	
T	29	♊	
W	30	♋	
T	31	♋	

八月

F	1	♌	新月 11.15
S	2	♌	
S	3	♍	
M	4	♍	
T	5	♍	
W	6	♎	
T	7	♎	
F	8	♏	上弦月
S	9	♏	
S	10	♐	
M	11	♐	
T	12	♐	
W	13	♑	
T	14	♑	
F	15	♒	
S	16	♒	滿月 22.15
S	17	♒	
M	18	♓	
T	19	♓	
W	20	♈	
T	21	♈	
F	22	♉	
S	23	♉	
S	24	♊	下弦月
M	25	♊	
T	26	♊	
W	27	♋	
T	28	♋	
F	29	♌	
S	30	♌	新月 20.59
S	31	♍	

九月

M	1	♍	
T	2	♎	
W	3	♎	
T	4	♏	
F	5	♏	
S	6	♏	
S	7	♐	上弦月
M	8	♐	
T	9	♑	
W	10	♑	
T	11	♑	
F	12	♒	
S	13	♒	
S	14	♓	
M	15	♓	滿月 10.09
T	16	♈	
W	17	♈	
T	18	♈	
F	19	♉	
S	20	♉	
S	21	♊	
M	22	♊	下弦月
T	23	♋	
W	24	♋	
T	25	♌	
F	26	♌	
S	27	♍	
S	28	♍	
M	29	♎	新月 09.15
T	30	♎	

十月

W	1	♎	
T	2	♏	
F	3	♏	
S	4	♐	
S	5	♐	
M	6	♐	
T	7	♑	上弦月
W	8	♑	
T	9	♒	
F	10	♒	
S	11	♒	
S	12	♓	
M	13	♓	
T	14	♈	滿月 20.59
W	15	♈	
T	16	♉	
F	17	♉	
S	18	♊	
S	19	♊	
M	20	♋	
T	21	♋	下弦月
W	22	♌	
T	23	♌	
F	24	♍	
S	25	♍	
S	26	♍	
M	27	♎	
T	28	♎	
W	29	♏	新月 00.13
T	30	♏	
F	31	♐	

十一月

S	1	♐	
S	2	♐	
M	3	♑	
T	4	♑	
W	5	♑	
T	6	♒	上弦月
F	7	♒	
S	8	♓	
S	9	♓	
M	10	♈	
T	11	♈	
W	12	♉	
T	13	♉	滿月 07.16
F	14	♊	
S	15	♊	
S	16	♋	
M	17	♋	
T	18	♌	
W	19	♌	下弦月
T	20	♌	
F	21	♍	
S	22	♍	
S	23	♎	
M	24	♎	
T	25	♏	
W	26	♏	
T	27	♏	新月 17.55
F	28	♐	
S	29	♐	
S	30	♑	

十二月

M	1	♑	
T	2	♑	
W	3	♒	
T	4	♒	
F	5	♓	上弦月
S	6	♓	
S	7	♓	
M	8	♈	
T	9	♈	
W	10	♉	
T	11	♉	
F	12	♊	滿月 17.38
S	13	♊	
S	14	♋	
M	15	♋	
T	16	♌	
W	17	♌	
T	18	♍	
F	19	♍	下弦月
S	20	♎	
S	21	♎	
M	22	♏	
T	23	♏	
W	24	♏	
T	25	♐	
F	26	♐	
S	27	♑	新月 13.22
S	28	♑	
M	29	♑	
T	30	♒	
W	31	♒	

＊此表為德國時間，請依時差換算。

2008
月相星座表

♈ 牡羊座　♊ 雙子座　♌ 獅子座　♎ 天秤座
♉ 金牛座　♋ 巨蟹座　♍ 處女座　♏ 天蠍座

一月

T	1	♎	
W	2	♎	
T	3	♏	
F	4	♏	
S	5	♐	
S	6	♐	
M	7	♐	
T	8	♑	12.34
W	9	♑	
T	10	♒	
F	11	♒	
S	12	♓	
S	13	♓	
M	14	♓	
T	15	♈	
W	16	♈	
T	17	♉	
F	18	♉	
S	19	♊	
S	20	♊	
M	21	♋	
T	22	♋	14.38
W	23	♌	
T	24	♌	
F	25	♍	
S	26	♍	
S	27	♎	
M	28	♎	
T	29	♎	
W	30	♏	
T	31	♏	

二月

F	1	♐	
S	2	♐	
S	3	♐	
M	4	♑	
T	5	♑	
W	6	♒	
T	7	♒	04.41
F	8	♒	
S	9	♓	
S	10	♓	
M	11	♈	
T	12	♈	
W	13	♉	
T	14	♉	
F	15	♊	
S	16	♊	
S	17	♋	
M	18	♋	
T	19	♌	
W	20	♌	
T	21	♌	04.31
F	22	♍	
S	23	♍	
S	24	♎	
M	25	♎	
T	26	♏	
W	27	♏	
T	28	♏	
F	29	♐	

三月

S	1	♐	
S	2	♑	
M	3	♑	
T	4	♑	
W	5	♒	
T	6	♒	
F	7	♓	18.10
S	8	♓	
S	9	♈	
M	10	♈	
T	11	♉	
W	12	♉	
T	13	♊	
F	14	♊	
S	15	♋	
S	16	♋	
M	17	♋	
T	18	♌	
W	19	♌	
T	20	♍	
F	21	♍	19.41
S	22	♎	
S	23	♎	
M	24	♎	
T	25	♏	
W	26	♏	
T	27	♐	
F	28	♐	
S	29	♐	
S	30	♑	
M	31	♑	

四月

T	1	♒	
W	2	♒	
T	3	♓	
F	4	♓	
S	5	♓	
S	6	♈	04.53
M	7	♈	
T	8	♉	
W	9	♉	
T	10	♊	
F	11	♊	
S	12	♋	
S	13	♋	
M	14	♌	
T	15	♌	
W	16	♍	
T	17	♍	
F	18	♎	
S	19	♎	
S	20	♎	11.27
M	21	♏	
T	22	♏	
W	23	♐	
T	24	♐	
F	25	♐	
S	26	♑	
S	27	♑	
M	28	♒	
T	29	♒	
W	30	♒	

五月

T	1	♓	
F	2	♓	
S	3	♈	
S	4	♈	
M	5	♉	13.18
T	6	♉	
W	7	♊	
T	8	♊	
F	9	♋	
S	10	♋	
S	11	♌	
M	12	♌	
T	13	♍	
W	14	♍	
T	15	♍	
F	16	♎	
S	17	♎	
S	18	♏	
M	19	♏	
T	20	♏	03.09
W	21	♐	
T	22	♐	
F	23	♑	
S	24	♑	
S	25	♑	
M	26	♒	
T	27	♒	
W	28	♓	
T	29	♓	
F	30	♈	
S	31	♈	

六月

S	1	♉	
M	2	♉	
T	3	♊	20.22
W	4	♊	
T	5	♋	
F	6	♋	
S	7	♌	
S	8	♌	
M	9	♌	
T	10	♍	
W	11	♍	
T	12	♎	
F	13	♎	
S	14	♏	
S	15	♏	
M	16	♏	
T	17	♐	
W	18	♐	18.30
T	19	♑	
F	20	♑	
S	21	♑	
S	22	♒	
M	23	♒	
T	24	♓	
W	25	♓	
T	26	♓	
F	27	♈	
S	28	♈	
S	29	♉	
M	30	♉	

2009
月相星座表

- ♐ 射手座
- ♑ 魔羯座
- ♒ 水瓶座
- ♓ 雙魚座
- 上弦月
- 下弦月
- 新月
- 滿月

七月

W	1	♎	
T	2	♏	
F	3	♏	
S	4	♐	
S	5	♐	
M	6	♐	
T	7	♑	滿月 10.21
W	8	♑	
T	9	♒	
F	10	♒	
S	11	♒	
S	12	♓	
M	13	♓	
T	14	♈	
W	15	♈	下弦月
T	16	♉	
F	17	♉	
S	18	♉	
S	19	♊	
M	20	♊	
T	21	♋	
W	22	♋	新月 03.33
T	23	♌	
F	24	♌	
S	25	♍	
S	26	♍	
M	27	♎	
T	28	♎	上弦月
W	29	♏	
T	30	♏	
F	31	♐	

八月

S	1	♐	
S	2	♐	
M	3	♑	
T	4	♑	
W	5	♒	
T	6	♒	滿月 01.54
F	7	♒	
S	8	♓	
S	9	♓	
M	10	♈	
T	11	♈	
W	12	♈	
T	13	♉	下弦月
F	14	♉	
S	15	♊	
S	16	♊	
M	17	♋	
T	18	♋	
W	19	♌	
T	20	♌	新月 11.01
F	21	♍	
S	22	♍	
S	23	♎	
M	24	♎	
T	25	♏	
W	26	♏	
T	27	♏	上弦月
F	28	♐	
S	29	♐	
S	30	♑	
M	31	♑	

九月

T	1	♑	
W	2	♒	
T	3	♒	
F	4	♓	滿月 17.00
S	5	♓	
S	6	♓	
M	7	♈	
T	8	♈	
W	9	♉	
T	10	♉	
F	11	♊	
S	12	♊	下弦月
S	13	♋	
M	14	♋	
T	15	♌	
W	16	♌	
T	17	♍	
F	18	♍	新月 19.46
S	19	♍	
S	20	♎	
M	21	♎	
T	22	♏	
W	23	♏	
T	24	♐	
F	25	♐	
S	26	♑	上弦月
S	27	♑	
M	28	♑	
T	29	♒	
W	30	♒	

十月

T	1	♓	
F	2	♓	
S	3	♓	
S	4	♈	滿月 07.06
M	5	♈	
T	6	♉	
W	7	♉	
T	8	♊	
F	9	♊	
S	10	♊	
S	11	♋	下弦月
M	12	♋	
T	13	♌	
W	14	♌	
T	15	♍	
F	16	♍	
S	17	♎	
S	18	♎	新月 06.36
M	19	♏	
T	20	♏	
W	21	♐	
T	22	♐	
F	23	♐	
S	24	♑	
S	25	♑	
M	26	♒	上弦月
T	27	♒	
W	28	♒	
T	29	♓	
F	30	♓	
S	31	♈	

十一月

S	1	♈	
M	2	♈	滿月 20.11
T	3	♉	
W	4	♉	
T	5	♊	
F	6	♊	
S	7	♋	
S	8	♋	
M	9	♌	下弦月
T	10	♌	
W	11	♍	
T	12	♍	
F	13	♎	
S	14	♎	
S	15	♏	
M	16	♏	新月 20.15
T	17	♏	
W	18	♐	
T	19	♐	
F	20	♑	
S	21	♑	
S	22	♑	
M	23	♒	
T	24	♒	上弦月
W	25	♓	
T	26	♓	
F	27	♓	
S	28	♈	
S	29	♈	
M	30	♉	

十二月

T	1	♉	
W	2	♊	滿月 08.28
T	3	♊	
F	4	♋	
S	5	♋	
S	6	♌	
M	7	♌	
T	8	♍	
W	9	♍	下弦月
T	10	♎	
F	11	♎	
S	12	♎	
S	13	♏	
M	14	♏	
T	15	♐	
W	16	♐	新月 13.04
T	17	♑	
F	18	♑	
S	19	♑	
S	20	♒	
M	21	♒	
T	22	♓	
W	23	♓	
T	24	♓	上弦月
F	25	♈	
S	26	♈	
S	27	♉	
M	28	♉	
T	29	♉	
W	30	♊	
T	31	♊	滿月 20.10

*此表為德國時間，請依時差換算。

2009
月相星座表

♈ 牡羊座　♉ 金牛座　♊ 雙子座　♋ 巨蟹座　♌ 獅子座　♍ 處女座　♎ 天秤座　♏ 天蠍座

一月

T	1	♒	
F	2	♓	
S	3	♓	
S	4	♈	
M	5	♈	
T	6	♉	
W	7	♉	
T	8	♊	
F	9	♊	
S	10	♋	
S	11	♋	04.26
M	12	♌	
T	13	♌	
W	14	♍	
T	15	♍	
F	16	♎	
S	17	♎	
S	18	♎	
M	19	♏	
T	20	♏	
W	21	♐	
T	22	♐	
F	23	♐	
S	24	♑	
S	25	♑	
M	26	♒	08.53
T	27	♒	
W	28	♒	
T	29	♓	
F	30	♓	
S	31	♈	

二月

S	1	♈	
M	2	♉	
T	3	♉	
W	4	♉	
T	5	♊	
F	6	♊	
S	7	♋	
S	8	♋	
M	9	♌	15.52
T	10	♌	
W	11	♍	
T	12	♍	
F	13	♎	
S	14	♎	
S	15	♏	
M	16	♏	
T	17	♏	
W	18	♐	
T	19	♐	
F	20	♑	
S	21	♑	
S	22	♑	
M	23	♒	
T	24	♒	
W	25	♓	02.34
T	26	♓	
F	27	♈	
S	28	♈	

三月

S	1	♈	
M	2	♉	
T	3	♉	
W	4	♊	
T	5	♊	
F	6	♋	
S	7	♋	
S	8	♌	
M	9	♌	03.38
T	10	♍	
W	11	♍	
T	12	♎	
F	13	♎	
S	14	♎	
S	15	♏	
M	16	♏	
T	17	♐	
W	18	♐	
T	19	♑	
F	20	♑	
S	21	♑	
S	22	♒	
M	23	♒	
T	24	♓	
W	25	♓	
T	26	♓	17.01
F	27	♈	
S	28	♈	
S	29	♉	
M	30	♉	
T	31	♊	

四月

W	1	♊	
T	2	♋	
F	3	♋	
S	4	♌	
S	5	♌	
M	6	♍	
T	7	♍	
W	8	♍	
T	9	♎	15.59
F	10	♎	
S	11	♏	
S	12	♏	
M	13	♐	
T	14	♐	
W	15	♐	
T	16	♑	
F	17	♑	
S	18	♒	
S	19	♒	
M	20	♒	
T	21	♓	
W	22	♓	
T	23	♈	
F	24	♈	
S	25	♉	04.20
S	26	♉	
M	27	♊	
T	28	♊	
W	29	♋	
T	30	♋	

五月

F	1	♋	
S	2	♌	
S	3	♌	
M	4	♍	
T	5	♍	
W	6	♎	
T	7	♎	
F	8	♏	
S	9	♏	05.03
S	10	♏	
M	11	♐	
T	12	♐	
W	13	♑	
T	14	♑	
F	15	♑	
S	16	♒	
S	17	♒	
M	18	♓	
T	19	♓	
W	20	♈	
T	21	♈	
F	22	♈	
S	23	♉	
S	24	♉	13.08
M	25	♊	
T	26	♊	
W	27	♋	
T	28	♋	
F	29	♌	
S	30	♌	
S	31	♍	

六月

M	1	♍	
T	2	♎	
W	3	♎	
T	4	♏	
F	5	♏	
S	6	♏	
S	7	♐	19.12
M	8	♐	
T	9	♑	
W	10	♑	
T	11	♑	
F	12	♒	
S	13	♒	
S	14	♓	
M	15	♓	
T	16	♓	
W	17	♈	
T	18	♈	
F	19	♉	
S	20	♉	
S	21	♊	
M	22	♊	20.35
T	23	♋	
W	24	♋	
T	25	♌	
F	26	♌	
S	27	♍	
S	28	♍	
M	29	♎	
T	30	♎	

The Eurasian Publishing Group
圓神出版事業機構
用心與你對話・視野無限寬廣

方智出版社
Fine Press

http://www.booklife.com.tw　inquiries@mail.eurasian.com.tw

方智叢書 143

月亮書——從圓缺週期發現生活智慧

作　者／約翰娜・鮑格　湯瑪斯・波普
譯　者／葉宗琪
發 行 人／簡志忠
出 版 者／方智出版社股份有限公司
地　址／台北市南京東路四段50號6F之1
電　話／（02）2579-6600・2579-8800・2570-3939
傳　真／（02）2579-0338・2577-3220・2570-3636
郵撥帳號／13633081　方智出版社股份有限公司
副總編輯／陳秋月
主　編／賴良珠
責任編輯／連秋香
美術編輯／劉婕榆
行銷企畫／吳幸芳・陳羽珊
印務統籌／林永潔
監　印／高榮祥
校　對／賴良珠・連秋香・楊東庭
排　版／莊寶鈴
總經銷／叩應有限公司
法律顧問／圓神出版事業機構法律顧問　蕭雄淋律師
印　刷／祥峯印刷廠
2007年1月　初版
Vom richtigen Zeitpunkt：Die Anwendung des Mondkalenders im täglichen Leben

ISBN 986-175-049-5
定價 260元　ISBN 978-986-175-049-1

國家圖書館出版品預行編目資料

月亮書：從圓缺週期發現生活智慧 / 約翰娜.鮑格,
湯瑪斯.波普作 ; 葉宗琪譯. -- 初版. -- 臺北
市：方智，2007〔民96〕
224面；14.8x20.8公分. --（方智叢書 ; 143）
譯自：Vom richtigen Zeitpunkt.

ISBN 986-175-049-5(平裝)
ISBN 978-986-175-049-1(平裝)

1. 月球 - 通俗作品　2. 生活指導

325.6　　95023885